どんな場面も切り抜ける！

若手弁護士が

法律相談で
困ったら開く本

弁護士 **狩倉博之**［編著］

学陽書房

は　し　が　き

　弁護士登録後4半世紀が過ぎた今でも、初めて一人で法律相談を担当した時のドキドキ感を忘れられない。今回、主として若手弁護士を対象とした書籍の企画をいただき、類書が多い分野であることから、新たに何某か有意な内容を付加することができるだろうかと悩んだが、若手弁護士に限らず、法律相談に関し、実際に困ることの多い事項を厳選し、実践的な書籍にすることができれば、法律相談に不安を感じ、困っている弁護士の助けになるかもしれないと思い、編集・執筆を引き受けることとした。

　このような経緯から、実践的で、実際に活用していただけるよう、取り上げた「困りごと」は、体系やバランスを気にせず、執筆にあたってくれた若手弁護士に、実際に取り上げたものの倍程度の数をピックアップしてもらったうえで、必要性を5段階で評価した合計点の上位100項目である。また、各項目において結論を端的に示し、解説はできる限り短くして、全体をコンパクトなものに抑えることで、常に手元に置き、相談前・相談中に短時間で参照できるようにした。さらに、本書独自の試みとして、対面・電話・Web等、法律相談のシチュエーションごとの困りごとへの対応方法を、独立の章を設けて取り上げている。加えて、中堅・ベテラン弁護士の経験談をコラムの形で配置し、法律相談の実際やどんな工夫をしてきたかを忌憚なく執筆してもらうことで、若手を中心に、広く法律相談を担当する弁護士の研鑽・努力の参考となるようにした。

　これらの工夫により、その目的がどこまで達成できたかは今後の評価に委ねるほかはないが、執筆には神奈川県弁護士会法律相談センター運営委員会の委員である弁護士と同弁護士らの事務所所属・出身の弁護士があたっており、相談所の運営で得たノウハウが反映されていると自負している。また、公設事務所への赴任経験のある弁護士に複数参加してもらい、弁護士登録後短期間で各種の法律相談に対応してきた経験を大いに活かしてもらった。

　多忙な中、協力いただいたこれらの執筆者に敬意を表するとともに、企画を提供いただき、出版にいたるまでご支援・ご助言をいただいた学陽書房の大上真佑氏に、この場をお借りし、心から感謝申し上げる。

　令和5年11月

編著者　狩倉博之

知らないことを聴かれたら、どうしよう……

時間が足りなくなったら……

間違ったことを答えてしまったら……

できないことを依頼されたら断れるだろうか……

相談者に怒られないだろうか……

不安だ！

"不安を解消"できるよう、以下の方針で解説します!

「なぜ困るのか?」

→ 想定外のことが起きる

→ 時間が足りない

→ 対応に自信が持てない

「対策のポイント」

→ 相談したことに意味を持たせる

→ リスクを回避する

→ 「経験値を上げる機会だ」と前向きにとらえる

「具体的な方策」

→ 確信が持てないことは言わない

→ 次に何をすればよいかを伝える

→ できる限りのことをする

→ 自ら対応のハードルを上げない

→ 後悔はせず、反省する

CONTENTS

2 依頼された場合

第 2 章　シチュエーション別の困りごと

1 法律事務所での法律相談

第 **3** 章　分野別の困りごと

5 不動産賃貸借 …………………………………………………… 147

6 労働問題 ………………………………………………………… 156

第 **4** 章　**それでも困ったときは**

法律相談体験記

【法令等】

民訴法	民事訴訟法
人訴法	人事訴訟法
家事法	家事事件手続法
民保法	民事保全法
DV 防止法	配偶者からの暴力の防止及び被害者の保護等に関する法律
通則法	法の適用に関する通則法
入管法	出入国管理及び難民認定法
借借法	借地借家法
消契法	消費者契約法
労基法	労働基準法
労契法	労働契約法
労基則	労働基準法施行規則
職務規程	弁護士職務基本規程
報酬規程	弁護士の報酬に関する規程
債務整理規程	債務整理事件処理の規律を定める規程

【裁判例】

最判	最高裁判所判決
○○高判	○○高等裁判所判決
○○高決	○○高等裁判所決定
○○地判	○○地方裁判所判決

【判例集・雑誌等】

民集	最高裁判所民事判例集
集民	最高裁判所裁判集民事
家裁月報	家庭裁判所月報
判時	判例時報
判タ	判例タイムズ

【文献】

日弁連	日本弁護士連合会弁護士倫理委員会「解説弁護士職務基本規程（第3版）」（2017年12月）
国交省住宅局	国土交通省住宅局「原状回復をめぐるトラブルとガイドライン（再改訂版)」（2011年8月）
総務省	総務省総合通信基盤局消費者行政第二課「プロバイダ責任制限法逐条解説」（2023年3月）
佐藤	佐藤三郎ほか『弁護士会照会ハンドブック』（きんざい、2018年）
神田	神田知宏『インターネット削除請求・発信情報開示の実務と書式［第2版］』（日本加除出版、2023年）
秋山	秋山幹男ほか『コンメンタール民事訴訟法Ⅲ（第2版)』（日本評論社、2018年）
赤い本	（公財）日弁連交通事故相談センター東京支部編『民事交通事故訴訟　損害賠償額算定基準』
青い本	（公財）日弁連交通事故相談センター編『交通事故損害額算定基準　実務運用と解説』

序　章

本書の使用法

　若手弁護士にとって、法律相談は知らないことを聴かれたり、個性豊かな相談者に戸惑ったりと、思いもよらない困りごとに遭遇する場面である。ある程度の経験を積んだ中堅弁護士や経験豊富なベテラン弁護士であっても、頻度こそ減ってはいくものの、回答や対応に困ることがあることから、若手弁護士にとってはなおさらのことであろう。

　本章では、本論に入るに先立ち、本書の目的と特色を確認し、有効な活用方法を提案することとする。

1 本書の目的

（1）法律相談における実務家の課題

　本書は、若手を中心として、法律相談に不安を抱く弁護士に自信を持って法律相談に臨んでもらい、相談者の満足を得られる相談をしてもらうことを目的としている。

　弁護士業務にとって法律相談は不可欠で、①相談者が抱える悩みに回答ないしは方向性を示す、②弁護士への依頼の要否を判断し、必要な場合には弁護士への依頼につなげるという2つの課題を達成しなければならない。

（2）法律相談のリスク

　不正確な回答・判断をした場合、相談者に取り返しのつかない損害を与え、担当した弁護士は損害賠償責任を負い、懲戒処分を受ける場合もある。正確であっても、相談者が理解できるよう、わかりやすく回答しなければ、相談者が誤解し、誤った行動をとってしまうことがある。一般的な弁護士であれば当然に回答できる相談について、知識・経験の不足から回答できないといったことがあると、悩みを抱えて相談に来た相談者は、その目的を達せられず、無駄な時間と費用を使うことになってしまう。

（3）本書が目指すもの

　このようなリスクを回避し、法律相談の目的を達成するには、日々の研鑽と経験を必要とする。しかし、相談者や所属事務所はそれを待ってはくれない。経験が十分ではない場合、知識と経験に不安を抱えたままで相談に臨むことになる。本書は、そんな不安を抱える弁護士に、相談前にも相談中にも、困ったときに一読してもらい、不安を解消し、自信を持って法律相談に臨んでもらうことを目指している。

2 本書の特色

（1）実務の困りごとに対する端的な回答

　相談前・相談中に生じる不安や困りごとに即時に対応できるよう、弁護士が遭遇し、悩むことが多い問題を取り上げ、それに対する回答を端的に示すこととした。回答に関する解説を設けてはいるが、時間がない場合には、回答のみを一読し、目の前の相談に即時に活用していただきたい。

（2）厳選した設問

　取り上げた設問は、各執筆者が法律相談において現に悩んだことがあるテーマをできるだけ多数あげたうえで、執筆にあたった若手弁護士に重要度に応じて点数をつけてもらい、合計点数の上位100問をセレクトしたものである。体系や分野ごとのバランスはある程度無視し、法律相談を担当する弁護士が困ることが多いもののみを、できるだけ多数あげるようにした。

（3）構成における特色

　本書では、類書に見られる「分野別」の設問（第3章）に加え、「法律相談全般」に関する設問（第1章）を設け、相談者に着目した対応方法や法律相談からの受任に関する設問を取り上げた。さらに、本書の特色として、どこで、どのように相談を行うかに着目し、法律相談の「シチュエーション」に応じた設問（第2章）を設けた。

（4）設問にない困りごとに対して

　多種多様な相談・相談者があること、また、若手弁護士のニーズが高いものに限って設問を選択したことから、実務上遭遇する困りごとの全てが網羅

されているわけではない。そこで、設問にない困りごとが起きたときのため、第4章では、広く応用が利くように、「困ったとき」全般の対応方法を提案している。

（5）実務を知る

ベテラン・中堅弁護士が、法律相談において、どのようなことに悩んだか、どのような準備をしてきたか、現にどのような工夫をしているのかといった実務の実際を、「法律相談体験記」として、コラム形式で取り上げた。日々の法律相談において、対応のヒントにしてもらいたい。

（6）本書の活用方法

通読・精読していただけるのは編著者として望外の喜びではあるが、本書の特色を踏まえ、法律相談に際して手許に置いていただき、困ったことが起きた都度、該当部分を参照していただきたい。時間が許すようであれば、法律相談前に第4章の「それでも困ったときは」を一読しておいていただけると、相談時の「お守り」代わりになるのではと期待する。また、仕事の合間などに「法律相談体験記」を拾い読みしていただけると、実務の実際を知り、より良い相談のためのヒントになると思う。

（狩倉博之）

第 **1** 章

法律相談全般の
困りごと

　本章では、法律相談全般の困りごととして、①相談者にどのように対応するべきかと、②相談を通じて案件の依頼があった場合にどのような点に注意するべきかを取り上げる。

　相談者とどのようにコミュニケーションをとるかは、法律相談における充実した聴取・回答の前提となる重要な課題であり、案件依頼への対応もまた弁護士にとって関心の高い問題である。他方、これらの点で困ったことに遭遇することは少なくないため、日頃から対策を練っておく必要性が高いといえる。

1 相談者への対応

　法律相談を担当する弁護士、特に若手弁護士が、まず初めに困ることの一つとして、相談者とどのようにコミュニケーションをとり、限られた時間内で、いかに的確に事実関係等を正確に聴取していくかという点があげられる。説明能力及び理解力は相談者によってまちまちで、年齢や性格等、多様な相談者の相談を受けることから、相談者に合わせた対応が必要である。

　対応の仕方を間違えると、事実を正確に聴取することができず、誤った回答をしてしまったり、正しい回答をしても相談者が誤解してしまったりすることもある。

　さらに、聴き方・話し方によっては、相談者を怒らせてしまうこともあり、いずれにしても、無用なトラブルを生じさせかねない。

　以下では、相談者とのコミュニケーションのとり方一般（Q1）と相談者の属性に応じた対応上の注意点（Q2・Q3）を取り上げたうえで、法律相談において生じることの多い、悩ましいシチュエーションへの対応方法（Q4〜Q9）を取り上げる。

　さらに、あってはならないことではあるが、万が一、間違った回答をしてしまった場合の対処方法（Q10）についても取り上げることとする。

（狩倉博之）

Q1 相談者とコミュニケーションをとるコツは?

A 相談者の話をよく聴き、丁寧にわかりやすく話すよう心がけ、相談者に寄り添う姿勢を持つようにする。

　まずは、相談者の話をよく聴くことが重要である。「なるほど」「そういうことなのですね」といった合いの手を入れると、きちんと聴いていることが伝わりやすい。また、丁寧にわかりやすく話すことで、言っていることを正確に理解してもらうことも必要である。

　相談者の中には、法律相談が初めてで、「このようなことを話していいのだろうか」と思っている場合もある。相談内容と事実関係を正確に把握するためには、相談者の遠慮を取り除くことが重要である。

　相談者が遠慮せずに話ができるよう、法的に関係のない話をし始めたような場合でも、直ちに制止したり、否定したりするのではなく、相談者の話に耳を傾けつつ、軌道修正をしながら必要な事実を聴き取るようにする。

　それにより、重要な事実を聴き漏らすことを防止することにもつながる。また、法的に認められないことであっても、その理由を丁寧に説明し、相談者の気持ちに配慮しつつ、その理解を得るようにするべきである。相談者に寄り添う姿勢が大切である。 　　　　　　　　　　　　　（木村　悠・狩倉博之）

Q 2 高齢者からの相談での注意点は?

A 大きくはっきりとした声で、ゆっくりと話すようにする。また、相談者の判断能力の有無・程度に注意を払い、判断能力の有無・程度に応じた対応をする必要がある。

　高齢の相談者は、聴力や判断能力が低下している場合がある。相談者が正確に聴き取ることができ、理解できるように、大きな声ではっきりと、また、ゆっくりと話すようにする。

　判断能力の低下が窺われる場合には、通常の場合以上に難しい言葉を使うことは避け、できる限りわかりやすい言葉で、相談者が話を理解できているか否かを常に確認しながら相談を進めるようにする。

　また、判断能力を欠いていることが疑われる場合には、相談者の話をそのまま真に受けることはせず、丁寧に話を聴きつつも、事実と判断してよいかを客観的かつ慎重に検討・評価する必要がある。

　後日、相談者から「間違った説明をされた」といった苦情を受けないよう、確実なことのみを端的に回答し、メモを取ってもらうといったことや、再度、親族等と一緒に相談に来てもらうように勧めるといったことが必要な場合もある。

（木村　悠・狩倉博之）

Q3 精神疾患があると思われる方への対応は?

A できる限り通常の相談と同様に対応し、相談者の話を直ちに否定しないようにする。そのうえで客観的な資料の有無を確認し、相談者の認識は認識として、客観的資料がなければ相談者の請求・主張が認められないことは、はっきりと丁寧に説明する。

あくまでも通常の相談と同様に、事実関係を確認し、その有無を客観的な資料に基づき認定したうえで、法律的に相談者の請求ないしは主張が認められるか否かを判断して回答する。

相談者の話を直ちに否定するようなことはせず、客観的な資料の有無を前提とした法的見解を示しつつ、認められるものは認められると回答し、認められないものは認められないと回答する。

丁寧に話を聴き、客観的な根拠に基づいて説明をすれば、幻聴・幻覚が疑われる相談者であっても、理解を得られることは少なくない。

なお、幻覚・幻聴が疑われる相談者から依頼があった場合、幻覚・幻聴が疑われるとの理由のみで依頼を断ることは正しいこととはいえないが、依頼内容を実現できる可能性がない場合や、相談者とコミュニケーションをとることが困難であるといった場合には、その旨をきちんと伝え、依頼を断ることも必要である。 （木村　悠・狩倉博之）

Q 4　本人以外から相談があった場合の注意点は?

A　本人との関係及び本人が相談に来られない理由を確認する。その際、本人と来所した人物の利害が対立していないかには注意が必要である。回答にあたっては、本人から聴取できていないことを前提とするものであることを明確にして、端的に行う。

　法律相談に来た者と本人がどのような関係にあるか、本人が相談に来られず、本人ではない者が相談に来た理由を確認する。本人が病気等で相談に来ることが困難であり、やむを得ず近しい親族が相談に来ているといった場合には、来所した者との間で相談を行うことは不合理とはいえない。

　他方で、本人が相談に来ることができない合理的な理由がないにもかかわらず、また、親族ではない者が相談に来ているような場合には、例えば、「弁護士が○○と言っていたので、○○をしろ」といったように、自身の主張・要求に本人を従わせるといった目的に相談を利用しようとしている場合もありうる。特に、本人と利害が対立する者の場合には、そのような危険性が高いので、本人と利害が対立している者からの相談には注意を払うとともに、相談を行う場合には、その者自身の相談として相談を受けることが適切である。

　なお、相談に来た者が本人と利害対立がなく、相談を受けることに問題がない場合であっても、他人を介することで事実関係を正確に把握できないことがあるため、相談にあたっては、あくまでも本人ではない者から聴取した事実を前提にしており、前提となる事実が変われば結論も変わりうることを十分に説明しておく。また、本人に相談内容を伝える際に誤りが生じないよう、結論は端的にわかりやすく述べるようにし、可能であれば本人自身が相談の機会を持つよう勧めるようにする。

（木村　悠・狩倉博之）

Q5 弁護士に依頼済みの方から法律相談を求められたら?

A 現に依頼している弁護士を批判する発言、解任を促す発言は厳禁である。相談者の話を前提とした一般的な回答にとどめ、依頼している弁護士の処理に疑問がある場合には、依頼している弁護士に直接確認するよう助言する。

　弁護士は、他の弁護士との関係において相互に名誉と信義を重んじ（職務規程70条）、信義に反し、他の弁護士を不利益に陥れてはならない（同規程71条）。また、他の弁護士が受任している案件に不当に介入してはならない（同規程72条）。

　よって、他の弁護士の案件処理を批判したり、解任を勧めたりすることはしてはならない。

　相談者に対しては、他の弁護士が受任していることから、案件に不当に介入することにならないよう、相談者の話す事実を前提とした一般的な回答とならざるを得ない旨を伝え、了解を得たうえで、「相談者から聴取した事実を前提とする限り」といった留保を付した回答をすることが適当である。

　また、依頼している弁護士の案件処理に疑問があるようであれば、依頼している弁護士に直接確認するように助言するべきである。

（木村　悠・狩倉博之）

相談中に利益相反が判明したら?

A　利益相反が判明した時点で直ちに相談を中止する。中止するにあたり、相談者に誤解を与えないよう適切な説明が必要である。

（１）法律相談の中止

　弁護士は、依頼を受けて受任した案件との間に利益相反が認められる案件等について職務を行ってはならない（弁護士法25条、職務規程27条・28条）。法律相談中に利益相反が判明した場合、弁護士は当該相談に関する案件の依頼を受けることができないことは当然として、相談を行うこと自体が、受任している案件の依頼者の利益を害し、職務に対する信頼を害する危険性が高いことから、利益相反の事実が判明した時点で、直ちに相談を中止するべきである。

（2）相談者に対する説明等

　相談者に対しては、利益相反が認められることを伝え、相談を行えないことを説明するとともに、途中まで聴いた事実については守秘義務を負うこと（弁護士法23条、職務規程23条）も説明し、無用な誤解を与えないようにする。
　なお、相談内容及び事実関係について多くを聴いてしまった場合、その程度によっては、受任している案件について職務を継続してもよいのかを検討しなければならなくなる場合がある。そのような事態に陥らないためには、相談を始める前に相談者の氏名をきちんと確認すること、いきなり事実関係を詳細に聴くのではなく、まずは相談の大枠を聴き、相手方や関係者の氏名を確認した後に細かな事情を聴いていくなど、相談の初期段階で利益相反が認められないかを確認する工夫が望まれる。　　　　　（井上志穂・狩倉博之）

Q 7 「相談を録音したい」と言われたら?

A 基本的には担当する弁護士の判断によるが、録音されることにはリスクがある。また、一般的な説明にとどめざるを得なくなりがちとなるため、相談者の利益の点からも断って構わない。

　相談所が録音を禁止している場合は、その旨を説明して断る。録音が禁止されていない場合、録音を認めるか否かは、基本的には法律相談を担当する弁護士の判断による。相談者においては、重要なことを聞き漏らした場合や回答を誤解していないかを確認する場合に録音しておくメリットがあり、断る際には配慮が必要ではある。

　他方で、回答が録音されると、録音の一部だけが都合よく利用され、後日、トラブルとなるリスクがあるため、どうしても回答は一般的・抽象的なものになりがちである。

　そのため、相談者において実質的・具体的な回答を得られなくなりかねない面があるので、相談者のデメリットを説明するなどして、録音を断っても構わない。

　録音を断る場合には、重要なポイントを相談の最後に整理し、相談者に確認して、メモを取ってもらうなどして、録音に代わる記録方法を工夫する必要がある。

　なお、秘密録音されている可能性があるため、録音の申出がない場合でも、常に録音されているかもしれないことは念頭におき、回答の仕方や表現には、日頃から十分に注意しておく必要がある。　　　　　　　（井上志穂・狩倉博之）

Q8 「相手方との会話を黙って録音してもよいか」と聞かれたら?

A 秘密録音が一般的に禁止されるわけではなく、当然には証拠能力を否定されないが、その証拠価値は相手方に告知して録音した場合よりも低く評価される可能性がある。また、録音の手段・方法が著しく反社会的と認められる場合には証拠能力を否定され、程度によっては慰謝料を請求されかねない。録音の目的・態様・利用方法等には注意が必要であることは指摘しておくべきである。

「盗聴」は、会話の両当事者に知られることなく、また、両当事者の同意を得ることなく会話の内容を録音することで、違法であるが、自分自身と相手方との交渉過程や会話の内容を相手方に無断で録音することは、それ自体が法に触れるということはない。よって、相談者が自分自身と相手方との会話を黙って録音すること自体が、直ちに違法となるわけではない。

録音を裁判の証拠とする場合、「その証拠が、著しく反社会的な手段を用いて人の精神的肉体的自由を拘束する等の人格権侵害を伴う方法によって採集されたものであるときは、それ自体違法の評価を受け、その証拠能力を否定されてもやむを得ない」(東京高判昭和52年7月15日判時867号60頁)とされており、録音の目的及び手段・方法によっては、裁判において録音の証拠能力が否定される場合がある。他方で、反社会的とまではいえない場合、直ちに証拠能力が否定されるわけではないが、相手方が知らず、その同意を得ていない録音であることから、同意を得た録音に比べ、その証拠価値は減殺されうる。

なお、録音の手段・方法等が反社会的と評価された場合、証拠能力を欠くことに加え、人格権侵害により慰謝料を請求される可能性があるので、録音の目的・態様・利用方法等には注意が必要であることは指摘しておくべきである。

(井上志穂・狩倉博之)

Q9 「弁護士費用を相手方に請求したい」と言われたら?

A 弁護士費用は敗訴者が負担する訴訟費用にはあたらず、原則として依頼した本人の負担となるが、損害賠償請求に関しては、判決で損害額の10%程度が弁護士費用に相当する損害として、賠償金請求が認められることがある。

　弁護士に交渉や訴訟等を依頼した場合、着手金、報酬金及び法律相談料といった弁護士費用を負担することになるが、代理人の選任は法律上強制されておらず、弁護士に法律相談するか否か、代理人を選任するか否かは当事者の自由であることから、弁護士費用は敗訴者が負担する訴訟費用にはあたらず、本人の負担となるのが原則である。よって、当然には相手方に負担させることはできない。

　相談者においては、弁護士費用が訴訟費用に含まれ、相手方の負担となると誤解している場合があるので、弁護士費用は敗訴者が負担する訴訟費用には含まれないことを説明しておく必要がある。

　これに対し、交通事故等の不法行為及び使用者の安全配慮義務違反による債務不履行に基づく損害賠償請求においては、訴訟手続を弁護士に委任した場合に、その弁護士費用は、事案の難易、請求額、認容された額その他諸般の事情を斟酌して、相当と認められる額の範囲内のものに限り、不法行為ないしは債務不履行と相当因果関係に立つ損害にあたるとされており（最判昭和44年2月27日民集23巻2号441頁、最判平成24年2月24日集民240号111頁）、一般的には、認定された損害額の10%程度の額が弁護士費用に相当する損害として、賠償請求が認められている。

　よって、交通事故の被害者及び労災事故の被災者等は、勝訴した場合には、同訴訟における弁護士費用（の一部）を相手方に負担させることができる場合がある。　　　　　　　　　　　　　　　　　　　　（井上志穂・狩倉博之）

Q 10 相談終了後、回答が間違っていたことに気づいたら?

A 連絡先がわかる限りは、できるだけ早期に相談者に連絡をとり、回答を訂正する。

　間違った回答をすることはあってはならないことではあるが、時間に限りがあるなかで、事実関係を聴取して回答しなければならないことから、相談後に間違いに気づくことがないとはいえない。

　事務所における相談や弁護士会が実施している相談のように、相談者の連絡先がわかる場合には、直ちに連絡をとり、間違った点を訂正するべきである。自治体が実施している相談の場合でも、自治体を通じて連絡先がわかるようであれば、同様に訂正するべきである。

　連絡先がわからない場合は訂正のしようがないが、まずは、できる限り訂正の機会を持つよう努力するべきである。また、相談時間に限りがあることから、確実に正確な回答が出せない可能性は常にあるので、日頃から「事実関係次第で結論が変わる可能性がある」「法令や裁判例を精査しないと確実なことは言えない」といったように、回答に条件や留保を付しておくように心がけることである。

　特に、後日、相談者と連絡をとることができない相談の場合には、確定的なことは言わず、必要に応じて他でも相談を受けることを勧めておくといったことが必要である。

（井上志穂・狩倉博之）

2　依頼された場合

　法律相談は、相談者の相談に対し法的見解を述べ、相談者の疑問に答えることとともに、弁護士への依頼の要否・適否を判断し、依頼に基づき案件を受任する機会でもある。そのため、法律相談時ないしは相談後に相談者から案件を依頼される場合がある。

　案件の依頼があることは一般的には望ましいことであり、弁護士への依頼が必要な場合には、積極的に依頼を受けることは相談者の権利の擁護と実現のために適切な対応である。

　他方、相談者にとって弁護士への依頼にメリットがない場合や当該案件の見通しや費用等を説明せずに依頼を誘引する場合には、依頼者が誤解を抱いたままで依頼し、後日、トラブルになりかねない。そもそも、受任してはならない案件や受任に慎重であるべき案件もある。

　以下では、相談者からの案件の依頼に際し、相談者に説明しておくべきことを取り上げる（Q11・Q12）とともに、依頼に対し、受任すべきではない件（Q13・Q14）と受任に慎重であるべき件（Q15〜Q17）について解説する。また、依頼にあたって注意すべき点も取り上げる（Q18・Q19）。

　さらに、若手であるがゆえに依頼につながらないのではないかという若手弁護士の悩みに対しても、アドバイスすることとする（Q20）。　　（狩倉博之）

敗訴のリスクをどの程度、どう説明すべき?

A 依頼者から得た情報に基づき、予想される相手方の主張や証拠等を踏まえて、可能な範囲で、できる限り適切な説明をすべきである。不利なことこそ明確に伝えることが基本である。書面を交付したり、委任契約書に明記したりすることも検討すべきである。

　弁護士は、案件を受任するにあたり、依頼者から得た情報に基づき、案件の見通し等について適切な説明をしなければならない（職務規程29条1項）。訴訟等の勝敗は予測困難なことが少なくなく、受任時に全ての調査をしたうえで説明することは不可能であるが、依頼者から得た情報に基づき、予想される相手方からの主張や証拠等を踏まえて、可能な範囲で、できる限り適切な説明をする必要がある（日弁連106頁）。

　どこまで説明するかは依頼者や案件の性質によりケースバイケースであるが、依頼者の期待を裏切らないためには、不利なことこそ明確に伝えるべきである。いまだ事実関係等が確定的ではない時点であっても、場合分けをするなどして、勝敗の分かれ目となりうる点等について、できる限り具体的に説明するように心がける。その説明の過程において新たな事実関係を聴取できることも多い。

　依頼者に対する説明は、依頼者が理解しやすい方法で行うべきである。基本的には対面にて、口頭で説明をするが、事案の複雑さや依頼者の理解力等を踏まえ、書面を交付したり、図示したりといった工夫をするとよい。なお、敗訴のリスクが相当程度あることを前提として受任する場合には、見通しや対応方針等について、認識に齟齬が生じないよう、委任契約書の特約欄等にこれらを具体的に明記しておくことも検討すべきである。

（野田侑希・中野智仁）

Q12　弁護士費用に関して、どの程度、どう説明すべき?

A 事件を受任するにあたり、報酬の種類・金額・算定方法・支払時期等について、相談者に理解しやすく、明確に説明する必要がある。報酬一覧表を用意したり、見積書を作成したりするなどの工夫が考えられる。

　弁護士は、案件を受任するにあたり、依頼者から得た情報に基づき、弁護士報酬及び費用について適切に説明しなければならない（職務規程29条1項、報酬規程5条1項）。説明すべき事項は報酬の種類・金額・算定方法・支払時期等だが、多くの相談者は弁護士報酬になじみがないことを踏まえ、理解しやすい明確な説明が求められる。

　弁護士には報酬基準の作成・備え置きが義務付けられており（報酬規程3条1項）、報酬基準に基づき依頼者に説明することになるが、典型的な案件の類型については、報酬基準を抜粋・整理した報酬一覧表を用意しておくと説明しやすい。また、報酬の算定方法（計算式）を示すだけでなく、いくつかのパターンを具体的に例示すると理解を得やすい。

　依頼者と認識の齟齬が生じやすく、特に丁寧な説明を心がけたほうがよい事項は、①当該弁護士報酬により受任した業務の範囲（訴訟移行等により追加報酬が発生しうること等）、②経済的利益をどのように算定するのか（金銭請求の場合、請求額・回収額等、何を基準とするのか。また、遺産分割や継続的給付請求等、経済的利益の算定が単純ではない場合の算定方法等）、③追加着手金や日当等の具体的な発生条件、④タイム・チャージ方式とする場合、チャージの対象とする時間の範囲（移動時間・待機時間を含むか否か等）、⑤弁護士報酬とは別に実費が発生すること等である。

　弁護士は、相談者から申出があれば、弁護士報酬の見積書を作成・交付するよう努めるものとされている（報酬規程4条）。報酬の発生条件や算定方法が単純ではない場合には、申出の有無にかかわらず、見積書を作成・交付することを検討すべきである。

（野田侑希・中野智仁）

Q13 受任を避けるべきなのはどんな場合?

A 利益相反がある案件や依頼の目的または案件処理の方法が明らかに不当な案件は受任できない。また、依頼を希望する者との信頼関係を築くことが困難と見込まれる場合には、受任を避けたほうがよい。

　利益相反がある案件（職務規程27条・28条）や依頼の目的または案件処理の方法が明らかに不当な案件（職務規程31条）は、当然ながら受任することはできない。このような場合にとどまらず、弁護士と依頼者との契約は信頼関係を基礎とするものであり、受任後、弁護士と依頼者は解決に向けて協力して案件に対応していかなければならないことから、依頼を希望している者と信頼関係を築くことが困難と見込まれる場合には、受任を避けたほうがよい。

　例えば、①弁護士に対し嘘をついたり、隠し事をしたりしていることが窺える場合、②合理的な説明を尽くしても対応方針について理解が得られない場合、③弁護士の説明を曲解するなど、話がかみ合わない場合、④相談者の説明や意向が二転三転する場合、⑤正当な理由なく、連絡が取れないことが続く場合、⑥第三者の介入が激しく、当事者本人は事件処理に積極的ではない場合等である。

　以上のような場合にまではあたらなくても、⑦明らかに費用倒れとなることや、勝訴の可能性が著しく低いことが見込まれる場合（依頼者が案件の見込みを正確に理解したという確信が持てないと、後にトラブルとなる可能性がある）、⑧過去に弁護士を解任したり、弁護士が辞任したりしている場合（その原因が弁護士の側にある場合もあり、それだけで受任を避けるべきとはいえないので、解任・辞任にいたった理由・経緯をよく確認する必要がある）等は、受任すべきか否かを慎重に検討するべきと考える。

（野田侑希・中野智仁）

Q 14　国選事件の被疑者から民事事件の依頼があったら?

A　国選事件の継続中に、国選弁護人の職務として行うことが通常想定される範囲内の事務処理を別の民事事件として受任することは許されないと考える。他方、国選事件継続中に国選事件と関連性のない民事事件や、国選事件終了後に民事事件を受任することは許されると考えられるが、報酬額の決定には慎重な対応が必要である。

(Ⅰ)国選事件継続中の場合

　弁護士は、国選弁護人に選任された事件について、名目の如何を問わず、被疑者・被告人その他の関係者から報酬その他の対価を受領することを禁じられている（職務規程49条1項）。自ら費用を支出して弁護人を選任できない被疑者等に国費により弁護人を付する国選弁護制度において、国選弁護人が別途弁護活動の対価を受領することは、国選弁護人全体の職務の公正さを疑わせ、ひいては国選弁護制度の公正さを害するにいたるおそれがあるためである。そのため、国選弁護人が被害者との示談交渉を別途民事事件として受任し、示談についての報酬を別に受領することは許されない（日弁連144頁）。

　身体拘束中における勤務先等への連絡・折衝についても、国選弁護人がその職務として行うことが通常想定される範囲内のものであれば、別途民事事件として受任し、別途報酬を受領することは許されないと考える。

　他方、国選事件と関連性のない民事事件を受任することは、その報酬と国選事件の間に対価性がないため、許されると考えられる。ただし、報酬額が適切な範囲を逸脱したものである場合には、国選事件の報酬の不足分を補うものとして、国選事件との間に実質的な対価性が認められる余地があるため、報酬額の決定には慎重な対応が必要である。

（2）国選事件終了後の場合

　国選事件が終了した後に依頼を受けた民事事件を受任することは、通常は
その報酬と国選事件との間に対価性が認められないため、許されると考えら
れる。

　国選事件継続中に関連性のない民事事件を受任する場合と同様、実質的な
対価性が認められる余地があることを踏まえ、報酬額の決定には慎重な対応
が必要である。

（野田侑希・中野智仁）

法律相談体験記　①　話し方に関して心がけていること

　よく話を聴く、日常用語を使う、次に何をすればよいかを伝える、ハードルを
上げないなどといった点に注意したうえで、これらに加えて、個人的に意識して
いるのは話し方である。

　基本的には、はっきりと声を張って、しかし、怒鳴り声にならないように、ゆっ
くりと、なるべく一文を短く話そうと心がけている。また、大事な事柄は１回の
相談の中で、あえて何度か繰り返すようにしている。全ては相談者が理解しやす
くするためである。

　もっとも、時に例外もある。例えば、相談者がヒートアップし過ぎているとき
は、こちらの声を小さめ・低めにして、間も長めに取ったりすると、かえって聞
いてもらえることが多い。また、頭の回転が速い人やせっかちな人には、ゆっく
り話していると苛立たれることがあるので、少しスピードを上げたりする。その
場その場で相談者をよく見ながらの判断となるので、筆者自身、自分なりの引き
出しをもっと増やしていきたい。

（中野智仁）

Q 15 「今の弁護士を解任してあなたに依頼したい」と言われたら?

A 既に他の弁護士が受任しているという理由のみで受任を回避する必要はないが、受任の可否を判断するにあたっては、相談者が弁護士の変更を希望する理由をよく確認したうえで、相談者の要望に応えられるのかどうかという観点から検討する必要がある。

　他の弁護士に案件を依頼済みの者から当該案件の受任を依頼された場合、他の弁護士が受任していることを理由として、受任を回避しなければならないわけではない（日弁連204頁）。

　もっとも、受任の可否を判断するにあたっては、相談者が弁護士の変更を希望する理由をよく確認したうえで、自らが相談者の要望に応えられるのか否かという観点から、よく検討する必要がある。

　また、相談者の説明と案件の事実関係・経過に齟齬があることが少なくないため、案件に関する従前の客観的な資料（訴訟記録や相手方との交渉過程における書面、現在の弁護士との連絡書面・メール等）を受任前に可能な限り確認しておくことが望ましい。

　受任する場合には、相談者と前任の弁護士との間で、記録・資料の引継ぎや弁護士費用等の精算について、円滑・明確に処理しておいてもらうことが不可欠である。

（野田侑希・中野智仁）

勝訴の見込みなし、回収困難な場合、依頼は断るべき?

A 依頼者に対し案件の見通しを十分に説明したうえで、それでも受任を希望するのであれば、受任を回避する必要はないと考える。

　依頼者の期待する結果が得られる見込みがないにもかかわらず、その見込みがあるように装って案件を受任してはならない(職務規程29条3項)。よって、勝訴の見込みがない事案や回収が困難な事案について、結果の見通しに関し何ら説明することなく受任することは問題である。

　もっとも、勝訴の見込みがない事案であっても、訴訟対応のコスト等を理由として和解にいたるケースはありうる。回収が困難な事案であっても、その後の事情の変化により回収可能性が生じるケースもありうる。そのため、勝訴の見込みがない事案や回収が困難な事案であったとしても、依頼者に対し案件の見通しを適切かつ十分に説明したうえで、なお受任を希望するのであれば、受任を回避する必要はないと考える。

　そのような事案を受任する場合には、見通しについて依頼者との間で認識に齟齬が生じることがないよう、委任契約書の特約欄等に見通しを具体的に明記したり、書面等により明確な説明をしたうえで、了解する旨の署名・押印を得ておいたりするといった工夫をしておくべきである。あえて説明と委任契約締結の間に検討の期間を設けることもあってよいだろう。依頼者が説明を理解したという確信が持てない場合には、後日問題が生じるリスクがあるため、受任すべきか否かを慎重に検討したほうがよい。

　なお、法テラスの民事扶助においては、「勝訴の見込みがないとはいえないこと」が利用条件であるため、利用を検討している場合には注意を要する。

(野田侑希・中野智仁)

Q17 「打合せは親の代わりに自分がしたい」と子に言われたら?

A 少なくとも、受任といった重要な場面では、依頼者となる親と直接面談するなどの適切な方法により、依頼や方針等に関する依頼者の意思を確認し、相談や打合せを子に委任する意思も確認しておく必要がある。なお、親と子の利益が相反する可能性がある場合には、親の同意があっても、子との間で相談・打合せを行うことには慎重であるべきである。

弁護士は、委任の趣旨に関する依頼者の意思を尊重して職務を行わなければならず、相談や受任後の打合せにあたっても、依頼者となる本人の意思を確認する必要がある。

相談や打合せを子が親に代わって行うこと自体は可能である（Q4参照）が、受任の際は当然のこと、処理方針を変更する際や依頼案件を終了させる際等、本人の意思の確認が特に求められる場合には、依頼者となる親の意思を直接確認し、適切な説明を行う必要がある。子に対し、常にとは言わないが、受任時その他重要な場面では親の意思を直接に確認する必要があること、案件処理中の連絡窓口を子にすることの確認を親にしておく必要があることを説明し、理解してもらう必要がある。

依頼者の意思を確認する方法としては、直接面談することが望ましいものの、依頼者に疾病その他の事情があり、これが困難な場合には、電話やWeb会議等を利用することもやむを得ない。依頼者の本人確認を適切に行ったうえで、その意思の確認を確実に行える方法をとらなければならない。

なお、相続に関する案件等、子と親の間に利益相反が生じうる場合には、子を介した相談・打合せは適当ではなく、依頼者である親の同意があったとしても、慎重な対応が必要である。 （笹岡亮祐・杉原弘康）

Q18 訴訟等を提起されている方から依頼があったら?

A 訴訟等の当事者、係属裁判所並びに手続及び請求の内容等を把握して、勝訴の見込みの有無・程度を検討し、受任の可否を判断する必要がある。時間的・場所的な都合、弁護士の経験・能力、手続の進行状況等から、適切に対応できないことが明らかな場合には、受任を控えるべきである。

　訴状その他相手方及び相談者が裁判所に提出した書面を確認し、当事者、係属裁判所並びに手続及び請求の内容等を把握する必要がある。また、手続の状況と訴訟提起前後の相手方とのやり取りについても確認する必要がある。これらを踏まえて、相談者から事実関係や証拠の有無を聴取したうえで、勝訴の見込みの有無・程度を検討し、受任が可能か否かを判断することになる。訴訟等を提起された相談者は、驚きや焦りから依頼を急ぐ傾向にあるが、相談者の理解を得ないまま、安易に受任しないように注意するべきである。なお、弁護士費用が生じることを相談者に説明し、それでもなお相談者の依頼の意思に変わりがないかを確認する必要もある。

　また、時間的・場所的な都合、弁護士の経験・能力、手続の進行状況等から、適切に対応することができるか否かを検討する必要もある。少額訴訟や労働審判については、早期に審理が終結するので、迅速な対応が必要となる。税務、知財、外国法等の知識・理解が必要で、高度な専門性が求められる場合もある。手続がかなりの程度進行しており、受任の時機を逸している場合や相談者が不利な答弁や認否をしており、覆すことが困難な場合もある。適切な対応ができない場合には、受任を控えることも必要である。

　受任することになったときは、委任状を裁判所に提出し、裁判所に必要な事項を確認したうえで迅速に対応する。書面の提出期限が迫っており、提出が困難な場合には、提出期限の猶予を申し入れ、期日への出頭が差し支える場合は期日変更を試みることになる。

（笹岡亮祐・杉原弘康）

Q 19 依頼者から実費を預かる場合の注意点は?

A 案件の処理に必要な実費について説明し、あらかじめ預かる理由を説明する。そのうえで、預かり金は預かり金専用口座で分別管理を行い、理由の如何を問わず目的外の使途に使用しないようにする。案件が終了した時は、遅滞なく精算して返金しなければならない。

受任にあたり、実費について十分に説明をしておく必要がある。また、預かり金を自己の金員と区別し、預かり金であることを明確にする方法で保管し、その状況を記録しなければならない。

そのため、預かり金専用の口座を開設し、預かり金以外の金員と区別して保管し、入出金の都度記帳し、他の依頼者からの預かり金等と混同しないようにしなければならない。

当然のことではあるが、預かり金はその目的である当該依頼者の実費等以外に使用してはならず、一時的であっても私用や他の案件の費用に使用してはならない。同一の依頼者の別の案件の費用であっても、依頼者の了解を得ない限りは、流用することは避けるべきである。

委任の終了にあたっては、委任契約に従い実費等を精算したうえで、預かり金を遅滞なく返還しなければならない。

委任契約に規定がない場合には、依頼者の了解なく、当然に報酬に充当することは適当ではない。　　　　　　　　　　　　　　　　（笹岡亮祐・杉原弘康）

Q 20 若いとの理由で依頼してもらえないときは?

A 相談に対し真摯に回答し、相談者の信頼を得ることが重要である。また、経験のある弁護士との共同受任を検討することも有用である。もっとも、解決が困難な事案等については、無理をしてまで受任することは避けるべきである。

(1) 依頼者から信頼を得る

相談者から依頼してもらうためには、相談者の信頼を得る必要がある。そのためには、当たり前のことではあるが、法律相談の際に相談者の話をよく聴き、真摯に回答することが重要である。

若手弁護士の場合、経験したことがない案件の相談を受けることが多く、十分な回答ができない場合もある。そのような場合でも、相談後すぐに文献や裁判例等を調査したうえで、再度相談者に丁寧に説明することで、むしろ信頼を得ることにつながる場合もある。実務経験から得られる見通し等、文献や裁判例等の調査では回答が難しい点に関しては、同種の案件を扱ったことがある同期や先輩の弁護士に相談することが有用である。

(2) 経験のある弁護士との共同受任

相談に対し適切な回答をした場合であっても、相談者によっては弁護士経験を重視し、若手弁護士に依頼することを躊躇する方もいる。

そのような場合には、相談者に対し、所属事務所に同種案件の経験がある弁護士がいることや経験のある弁護士と共同で受任することが可能であることを伝えることで、相談者に安心してもらうことも考えられる。

（3）無理に受任することは避けるべき

相談者の「若い」との理由が、相談者の過剰な要求に基づく場合があり、そのような場合に無理をして受任してしまうと、後日、依頼者との間でトラブルになることがある。

依頼者のために案件を受任することは大切なことではあるが、解決が困難で、依頼者との間でトラブルが生じることが予想されるような場合には、無理をしてまで受任することは避けるべきである。そのような場合には、できる限りのアドバイスをするにとどめ、受任を控えるということも一つの選択肢として頭に入れておきたい。 （秋本佳宏・杉原弘康）

依頼された場合

法律相談体験記 ❷　法律相談前の準備〜持ち物〜

事務所以外の場所で法律相談を行う場合、相談や受任に必要な資料や書式が備え置かれていないことも多く、備え置かれていても、その内容は場所によりマチマチである。そのため、よく使う資料や書式は、相談前に準備しておいたほうが安心して相談に臨める。

ちなみに、筆者は、相談に出かける場合に持って行く「相談セット」を作ってある。その中身は、事務所の案内（地図）や名刺、メモ用紙、3種類の報酬基準（事務所の規定、弁護士会の審査の手引き、法テラスの立替基準）と報酬額の早見表、法テラスの利用基準と申込書式一式、今後持参をお願いすることが多い資料の一覧（継続相談や受任予定となる場合、必要な書類にチェックを入れて渡す）等である。

また、薄くて軽いうえ、意外に便利だと思っているものとして、全国弁護士協同組合連合会発行の「弁護士業務便覧」がある。裁判所の管轄が一覧表になっていたり、弁護士会の旧報酬基準や公証人の手数料等が載っていたり、簡易なものだが交通事故の損害賠償基準なども掲載されている。とりあえず持って行くツールとしてはお勧めである。さらに、相談の場で調べものをしたり、六法の代わりにしたり、場合によっては相談者に書式等を示したりする際のツールとして、タブレットも持参している。

皆さんもぜひ、自分なりの「相談セット」を準備して、円滑に相談を行うためのお供にしていただきたい。 （重野裕子）

第 **2** 章

シチュエーション別の
困りごと

　今日、法律相談の方法は多様化し、従来の法律事務所や外部の相談所における対面相談のほか、相談者の自宅等に出張しての相談や電話相談が広く行われるようになっており、新型コロナウイルス感染症の蔓延は、Webを活用したリモート相談を急速に普及させた。本章では、これらの相談方法の違いによる各シチュエーションにおいて、弁護士が困ることのある事項を取り上げることとする。

1 法律事務所での法律相談

　法律相談を行う場所としては、法律事務所外の相談所等における場合を除いては、弁護士が所属する法律事務所におけることが通常である。

　法律事務所は、いわば自身のホームグラウンドであり、相談にあたり必要となる書籍や資料が揃っており、インターネット環境も確保されていて、相談内容をまとめた文書等を印刷して相談者に交付するといったことも可能である。法律相談を行う環境としては最善の場所といえる。

　他方で、事務所における法律相談といっても、法律相談の契機としては、顧問先ないしは過去の依頼者、それらから紹介を受けた方からの相談依頼のほか、法律事務所のホームページ等を見た方からの申込みによる場合もある。紹介による場合等は、紹介者を通じるなどして信頼関係を形成しやすく、円滑に法律相談に入っていきやすいが、ホームページ等を見て申し込んできた相談者については、法テラスや弁護士会が運営する外部相談所における法律相談と同様に、まずもっては最低限の信頼関係を形成することが、実のある相談に不可欠の前提となる。

　自身の法律事務所における法律相談に関しては、紹介者との関係（Q21・Q22）とホームページを見て相談申込みのあった相談者との信頼関係の形成方法（Q24）について取り上げるとともに、相談者から顧問契約の締結を打診された場合（Q23）についても取り上げることとする。　　　　　（狩倉博之）

Q21 受任に差支えがあるが紹介者との関係で断りづらかったら？

A 合理的な理由がある場合には断るべきである。相談者の了解が得られれば、紹介者にも受任できない理由を簡潔に説明することを検討する。

①受任している案件の依頼者等と相談者の利益が相反する場合（弁護士法25条、職務規程27条・28条）、②依頼の目的または案件処理の方法が明らかに不当な案件（職務規程31条）、③敗訴の可能性が高い案件、及び④得られる利益が要する費用に見合わない案件等は、受任してはならないか、受任することが適当ではない。これらの案件は、たとえ紹介を受けたものであったとしても、依頼を断らなければならないか、断るのが適当といえる。

紹介者との関係で断りにくい場合があることは確かではあるが、重要なことは相談者の話を十分に聴き、依頼を受けられない理由を丁寧に説明し、納得してもらうことである。得られる弁護士費用が少額であるからとか、手間がかかるからとかといった理由のみで断ることは、依頼を前提に相談の機会を持った相談者の理解・納得は得られがたく、紹介者との関係でも問題となる場合がある。

合理的な理由で断る場合には、相談後、紹介者に対しても、断る理由を簡潔に説明し、理解を得ておくことが丁寧であり、そのような丁寧な対応をとれば、紹介者との信頼関係を害することは少ないと思われる。なお、簡潔ではあったとしても、紹介者に相談の結果や受任できない理由を伝えることは、守秘義務（弁護士法23条、職務規程23条）との関係で問題となる可能性があるので、相談時に、相談者から、紹介者に相談の結果を伝えることの了解を得ておくようにし、相談者が望まない場合には、結果のみであっても紹介者には伝えないようにするべきである。

（井上志穂・狩倉博之）

法律事務所

相談後、紹介者から相談内容や受任の有無を聞かれたら？

A 紹介者であっても、相談者の了解がない限りは、相談内容や受任の有無等について回答してはならない。

　Q21で述べたとおり、弁護士は守秘義務を負い（弁護士法23条、職務規程23条）、紹介者といえども第三者であるから、相談内容や受任の有無等について相談者の了解なく紹介者に伝えることは、守秘義務に違反することになる。

　紹介者が結果に関心を持つのが合理的な場合には、相談時に相談者から了解を得ておくようにし、了解が得られなかったときは紹介者にその旨伝えて回答をお断りすることで、紹介者も納得するものと思われる。

　なお、了解が得られ、紹介者に内容や受任の有無等について回答する場合でも、結論ないしは概略をできる限り簡潔に回答することにとどめるべきで、細かな点まで逐一伝えることは、相談者のプライバシーに関する情報であることからして適当ではない。　　　　　　　　　　　（井上志穂・狩倉博之）

<table>
<tr><td>Q
23</td><td>顧問契約締結を打診されたら何を決めておくか？</td></tr>
<tr><td>A</td><td>顧問契約での対応範囲、顧問料（金額、請求時期・方法）、契約期間（更新の有無を含む）は最低限決めておく必要がある。</td></tr>
</table>

　顧問契約における基本的な事項として、①顧問契約での対応範囲、②顧問料（金額、請求時期・方法）、③契約期間（更新の有無を含む）は少なくとも決めておく必要がある。

　①顧問契約での対応範囲は、業務の種類・内容（面談・電話・メールによる法律相談を月4回までなど）や稼働時間数によって定めることが一般的である。会社の事業内容やニーズに応じた固有の取り決めをすることもある（恒常的に未収金が発生する業種について、未収金回収の交渉・訴訟を月2件までなど）。従業員からの相談や関連会社からの相談を範囲に含めるか否かは、利益相反の可能性を考慮する必要がある。なお、利益相反等により対応できない場合があることは、顧問契約書に明記しておくとよい。

　②顧問料の金額は、顧問契約での対応範囲、想定される稼働量・時間、会社の規模等を考慮して決めることが一般的である。月額固定で定める方式が比較的多いと思われるが、臨時に業務量が増えることが見込まれる場合等は、固定の月額に対応する稼働時間数を定めておいたうえで、これを超過する時間部分はタイム・チャージとすることもある。なお、想定される稼働量に見合わない過大な顧問料が提示された場合、非弁提携その他何かしらの意図が隠されている可能性があるため、締結には慎重さが求められる。

　③契約期間は、1年間とすることが比較的多いと思われるが、初めて顧問契約を締結する会社等については、試験的に3～6か月程度の短期間から始める場合もある。自動更新について定めておくことも検討する。

　このほか、秘密保持に関する条項、反社排除条項、顧問料の改定に関する条項、個別事件を受任する場合の報酬減額に関する条項などを設けることもある。顧問先のニーズに合わせて創意工夫するとよい。

（野田侑希・中野智仁）

法律事務所

Q 24 事務所HPを見て来た方と信頼関係を築くコツは?

A 初めて弁護士に相談する相談者が多いことを念頭に置いて、①相談者の話を一通りよく聴いたうえで、相談内容を整理する、②次の一手として何をしたらよいかを具体的に回答するといった工夫をするとよい。

(1)初めて弁護士に相談する人が多い

事務所のホームページ経由で相談に来る相談者は、付き合いのある弁護士がおらず、初めて弁護士に相談するという人が多いことを念頭に置き、聴き方や回答の仕方を考えるとよい。

その方法は弁護士の個性・流儀によって様々であるが、例えば、次のような点を意識することが考えられる。

(2)話の聴き方

相談者は何が法的に問題となるのかがわからず、相談内容が整理されていないことがままある。そのような場合であっても、まずは相談者の話を一通りよく聴き、その後に法的に重要と思われるポイントについて適宜質問したり、時系列に沿って話を再構成したりして、相談内容を整理する。

このような聴き方をすることで、話の腰を折ることが少なくなり、「話を聴いてもらえなかった」との不満を持たれることが少なくなって、満足度が高まるように思われる。

相談者からの信頼を得るうえでは、相談者の目を見て話を聴く、相槌を打つ、適宜メモを取る（パソコン等による場合、「パソコンばかり見ていた」という印象を与えることがあるので要注意）といった態度も重要である。

(3)回答の仕方

回答にあたっては、法律用語をできる限り避け、日常用語を用いて説明す

るように心がける。限られた時間の中で多くのことを説明しても、相談者が
その全てを正確に理解することは難しい。

　特に初回相談では、全ての事項を説明しようとするのではなく、まずは次
の一手として何をしたらよいかをできる限り具体的に示すことも一つの方法
である。

（4）その他確認すべきこと

　多くの法律事務所がホームページを開設しているため、他の事務所のホー
ムページも見て、比較検討したうえで相談に来る相談者も多い。

　事務所のホームページの何が決め手となって相談に来たのかを相談者に率
直に聞いてみると、相談者の重視するポイントがわかり、相談者と信頼関係
を築くうえでも役立つことがある。

　なお、一定の条件・範囲のもとで無料相談を実施している法律事務所があ
るが、相談者が無料相談の条件・範囲について誤解していることがある。

　このような誤解を避けるため、無料相談の条件・範囲や有料相談に切り替
わった場合の料金は、予約段階はもちろんのこと、相談開始時においても確
認しておいたほうがよい。　　　　　　　　　　　（野田侑希・中野智仁）

法律事務所

2 事務所外の相談所での法律相談

　法律相談は、法テラス、弁護士会及び自治体等、所属する法律事務所外で行われることも多い。弁護士広告に多額の費用をかけることが難しい若手弁護士にとっては、これらの事務所外の相談所での法律相談が法律相談の主たる場であることも多い。

　事務所外の相談所における法律相談の特徴としては、①1日に複数の相談者の相談に対応するため、相談者1名あたりの相談時間が30分〜1時間以内に限定され、短時間であること、②法律相談当日に相談者から話を聴くまで、弁護士の側に相談者や相談内容に関する情報がないか、乏しいこと、③相談所において可能な法令・裁判例・文献等の調査に限界があることがあげられる。

　法律相談に慣れていない若手弁護士にとっては、経験のない分野・案件について相談され、十分な調査ができない中で、短時間で相談者に一応の納得を得させることが求められており、相談に臨むにあたり、不安を感じることが少なくない。

　以上のような特徴を踏まえ、以下では、多くの弁護士が相談担当をしている法テラス（Q25・Q26）、弁護士会（Q27・Q28）及び自治体（Q31）における法律相談に関し、経験のない分野の相談や短い相談時間への対応方法を取り上げ、加えて、利益相反の防止策（Q29）と弁護士報酬の説明の仕方（Q30）についても取り上げる。 (狩倉博之)

Q 25 法テラスでの相談後、事務所で継続相談をすることになったら?

A 確認してきてもらう必要がある事実の確認及び不足書類の持参を指示する。さらに、受任の可能性がある場合には、法テラスの審査に必要な書類の持参を指示する。
なお、資力要件を超過する場合には、法テラスを利用した弁護士の依頼はできず、弁護士に対し、直接弁護士報酬を支払う必要があることについても説明しておく。

　法テラスでの相談の際に、確認してきてもらう必要があった事実の確認と不足していた書類を持参するように指示する必要がある。受任の可能性がある場合には、法テラスの代理援助の審査に必要となる書類（住民票や収入の証明書類等）も持参するように指示しておくとよい。

　法テラスでは、内容が同一である場合、法律相談は3回までしか利用できない（Q26）。また、法テラスを利用して弁護士に依頼するにあたっては資力要件を充たす必要があり、資力要件を超過している場合には、法テラスを利用して弁護士に依頼することはできない。その場合には、法テラスは利用できず、弁護士に対し直接弁護士報酬を支払わなければならないこと、その金額は当該弁護士の定める報酬基準によること、長期の分割払いができない場合があることについて説明し、了解を得ておく必要がある。

　なお、了解を得ることができ、法テラスを利用せずに受任する場合には、法テラスからその承認を得ておかなければならない場合があるので、あらかじめ法テラスに承認の要否と手続を確認しておくようにする。

（木村　悠・狩倉博之）

事務所外

Q26 法テラスでの無料相談が最後の方から継続相談を頼まれたら?

A 相談者に対し、次回の相談の相談料の有無・額を説明し、相談者の了解を得たうえで継続相談を行うことになる。

　法テラスを利用して同一内容の相談で無料相談を3回受けた場合、同一内容の相談については、それ以上は法テラスを利用した無料相談を受けることはできない。

　継続相談を行うにあたっては、相談者に対し、以後の継続相談の相談料の有無・額を説明し、相談者の了解を得たうえで、継続相談を行うか否かを決めることになる。

　相談者があくまでも無料の法律相談を希望する場合には、担当弁護士において無料で相談を受けても構わない場合は別として、自治体や弁護士会が実施している無料の法律相談を案内し、そちらを利用することを勧めるということが考えられる。 　　　　　　　　　　　　　　　　　　　　（木村　悠・狩倉博之）

Q 27 弁護士会の有料相談で、未経験分野を担当したら？

A 丁寧に事実関係と相談者の疑問点を確認し、持っている知識と他の分野での経験をもとに、また、その場で調べられる限りで調べて、できる限りの回答をするよう努める。また、後日、継続して相談する機会を設ける、他の相談窓口を案内するといったことも考えられる。

(1)一般的な対応

　法律相談をしていると、取り扱ったことがない分野の相談に出くわすことがある。頻度はともかく、ある程度経験を積んでも同様である。そのような場合であっても、通常の相談と同様に、丁寧に事実関係を聴き取り、相談者の疑問点を確認し、持っている知識と他の分野での経験をもとに、また、その場で調べられる限りで調べて、可能な限りの回答をするように努める。

　例えば、争いになった場合、相談者が主張する事実を証明する証拠が必要となること、最終的には訴訟で解決しなければならず、時間と費用がかかること、和解により解決することが望ましい場合が少なくないことなどは、多くの事件で共通する。また、その場でインターネット等を利用し、できる限りの調査をしつつ相談対応することも必要である。

　ただし、不正確なことや間違ったことを回答することは避けなければならないので、不確実なことは無理に回答せず、継続相談にしたり、相談後に調べたうえで連絡する旨を伝えたりすることが適当である。法律相談においては、丁寧で親身な対応が不可欠であるため、その場でできる限りの努力をせず、「経験がないからわからない」とだけ述べて済ますことは、相談料を支払った相談者に大きな不満が残ることになる。

(2)特殊な分野

　医療、知財、税務、行政などの専門的な分野については、誰でもが取り扱っているわけではないことを丁寧に説明し、弁護士会等に専門相談の窓口があ

れば案内し、専門相談の窓口がない分野については、相談者の責任にはなるが、インターネット等で取り扱っている弁護士を探して相談することを提案する。

　これらの場合も、専門相談の窓口にたどり着けるように、調べられる範囲で窓口を探して伝えたり、相談時に聴取した事実を整理して、専門相談の窓口等での相談にあたり、どのように事実関係を説明したらよいかを助言したり、相談後の依頼の方法や弁護士の費用等について助言したりするなど、可能な限りのことをすることで、費用と時間をかけて相談に来たことに意味を持たせるように努めることが大事である。

（井上志穂・狩倉博之）

法律相談体験記 ③　相談時の安全対策

　まだまだ若かった頃、弁護士会の相談所で、血だらけの相談者が相談ブースに入室してきたことがあった。聞くと、相談に来る前にひと暴れしてきたとのことで、どうやら、「お告げ」により行動されているらしい。

　本人のケガの治療のためにも、そのまま入室させた弁護士会もいかがなものかと思ったが、当時は、ブース内の席の配置が、相談者が入り口側、弁護士が奥で、万が一もうひと暴れされたらどうしようと思う状況だった。現在は、所属会では配置を逆にし、緊急ボタンを設置するといったように安全対策をとっているが、自治体その他の外部相談所で、そのような対策が不十分と思われる場所もある。相談開始前に運営者と打ち合わせ、場所を変えてもらう、ブース前に運営者に待機してもらうといった、その場でできる安全対策をとることは不可欠である。

　ちなみに、上記の件では、何かあれば、どんなことをしてもブースから脱出すると自身に言い聞かせ、相談時間いっぱい話を聴くと覚悟して、平静を装いつつ、通常通り、丁寧に話を聴いていった。日頃の行いがよかったのか（？）、筆者は良い人間との「お告げ」があったようで、相談時間満了で、特段の問題なくお帰りいただくことができた。

（狩倉博之）

Q28 弁護士会の有料相談で、経験のある弁護士の紹介を頼まれたら？

A 担当弁護士の経験不足で、相談者が満足しなかった場合、経験のある弁護士を紹介することができるのであれば、紹介することを検討してもよい。しかし、相談自体に問題がなく、相談者の側に問題があるような場合には、紹介できないと断るべきである。

　弁護士会が他の弁護士を紹介することを禁止していなければ、担当弁護士の経験不足により相談者の満足を得られなかった場合、他の弁護士を紹介することが可能であれば、その弁護士の了解が得られることを条件に、当該分野について経験のある弁護士を紹介しても構わない。

　相談者には、紹介する予定の弁護士の了解を得たうえで連絡する旨を伝えておく。その際、紹介した弁護士から満足できる回答を得られるか、依頼が可能かについては責任を持てないので、相談者の判断と責任で相談するかどうかを決めるよう念押ししておくようにする。また、相談には相談料が発生することも伝える。相談時に紹介する旨を伝えた場合には、紹介しようとした弁護士の了解が得られなかった場合でも、相談者には必ず連絡をし、「了解を得られず紹介できない」ことを伝えるようにする。

　担当弁護士に当該分野の経験がなくても、相談自体には問題がなく、相談者の側に問題がある場合には、他の弁護士を紹介する必要はない。また、紹介した場合、紹介した弁護士に迷惑をかけることにもなりかねないので、そのような場合には、弁護士を紹介できない旨はっきりと伝え、弁護士会の専門相談等他の相談窓口の利用を勧めるべきである。　　（井上志穂・狩倉博之）

事務所外

Q 29 相談時に依頼された際、利益相反はどう確認するか?

A 相談者とその相手方、それらの者の関係者の氏名・住所を聴取し、利益相反の有無を確認する。共同事務所の場合には、事務所内の他の弁護士の依頼者等との利益相反の有無の確認も必要となる。そのため、所属事務所において、所属弁護士の依頼者等のリストを作成しておく必要がある。

　相談者ないしはその関係者と、相談担当弁護士が受任し、または、受任を前提として相談対応している者との間に利害対立がある場合、職務を行えない案件（弁護士法25条、職務規程27条）に該当し、依頼を受けることはできない。

　利害対立があるか否かを判断するためには、相談者にとっての相手方の氏名及び住所を確認することに加え、相談者と相手方双方の関係者についても、相談内容に関係する範囲で氏名及び住所等を確認する必要がある。そのうえで、既に依頼を受けている者や依頼を前提に相談対応している者との間の利益相反の有無を確認することになる。所属事務所に弁護士が複数所属している場合には、他の弁護士の依頼者等との利益相反についても確認が必要となる（職務規程59条）。

　利益相反の確認のためには、所属事務所において所属弁護士の依頼者や案件等のリストを作成しておく必要がある。相談時に直ちに確認できないこともあるが、利益相反の可能性が疑われるときは、依頼を受けることは控えることが無難である。また、相談を進めていく中で利益相反が発覚した場合には、直ちに相談を中止しなければならない。利益相反の有無が不確実だが、依頼を受けるか否かを早期に判断する必要がある場合には、その場で事務所に連絡して、利益相反の有無を確認することが望ましい。それが無理な場合には、利益相反が発覚した場合には受任できないことの了解を得たうえで、改めて連絡することとし、速やかに利益相反の有無を確認して、依頼を受けられるか否かを相談者に連絡するようにする。　　　　　（木村　悠・狩倉博之）

Q 30	依頼を前提に弁護士報酬の額を質問されたら？

| A | 弁護士各自が定めている報酬基準に基づき、算定した報酬の見積額を回答する。相談時には弁護士報酬の算定基礎となる経済的利益等が不確定・不確実な場合があるので、相談を踏まえたおおよその金額であり、詳細を聴取した後に変更される場合があることは付言しておく。 |

　弁護士には報酬基準の作成義務があるので（報酬規程3条1項）、各自が作成している報酬基準に基づき、弁護士報酬を算定し、見積額を回答する。

　この点、弁護士報酬は「経済的利益、事案の難易、時間及び労力その他の事情」（報酬規程2条）を考慮して算定されるとされており、相談時、特に初期の相談時においては、弁護士報酬の算定基礎となる経済的利益や事案の難易、労力等が不確定・不確実であることが多いことから、あくまでも、その時点でのおおよその金額であり、事実関係等の詳細を聴取したうえで、金額を変更せざるを得ない場合があることを付言しておくべきである。

　なお、弁護士会が実施している相談においては、弁護士報酬の金額が適正か否かを弁護士会が審査する場合があり、審査の目安が定められていることがある。

　そのような場合には同目安にしたがった算定を行い、同算定結果に基づいて見積額を提示することになる。　　　　　　　　　　　　　（木村　悠・狩倉博之）

事務所外

Q 31　自治体の無料相談で、時間内でうまく相談を終えるには？

A　まずは相談者の話を丁寧に聴いたうえで、弁護士の側から質問するなど、事実関係の聴取を弁護士の側で主導することが必要である。

また、無理に完璧な回答を行おうとはせず、継続相談が可能であれば継続相談を検討し、継続相談ができない場合は、その場での一応の回答を踏まえたうえで、引き続き利用可能な相談所等を案内し、相談を受けるよう助言する。

　相談時間が短い場合でも、まずは相談者の話を丁寧に聴く態度を忘れてはならない。そのうえで、一定の結論を示す必要があることから、ある程度相談者の話を聴いたうえで、弁護士の側から判断に必要な事実関係について質問をするなど、相談を主導し、時間内で事実関係の概要をつかみ、同事実を前提に可能な範囲で回答を示すようにする。

　相談時間が短い相談所においては、相談者の聴きたいことに回答していく姿勢は示しつつも、その全てに対して完璧に答えることは不可能であることが通常であるから、可能な範囲での回答となることもやむを得ない。

　自治体が弁護士会を通じるなどして継続相談を許容している場合には、継続相談を検討し、継続相談が許容されていない場合には、その場での一応の回答を踏まえたうえで、利用可能な他の相談所を案内し、引き続き相談を受けるよう助言する。

（木村　悠・狩倉博之）

3 出張相談

　高齢社会の進展等により、外出が困難な高齢者宅を訪問しての相談等、出張相談が行われる場合が増加している。

　出張相談の場合、相談者宅等の密室で、相談者と弁護士が2人きりで相談を行うこともあり、相談者の精神状態等によっては、物がなくなった、身体を触られたといったように、相談者の誤解に基づくトラブルが生じるおそれがある。

　また、法律事務所や弁護士会等の相談所と異なり、受付を行ってくれる職員がおらず、相談料の授受を弁護士が直接行わなければならなかったり、六法等の法律相談に必要な書籍・資料がなかったといったことも通常である。

　これらの出張相談の特質を踏まえ、以下においては、出張相談全般に関する注意事項（Q32）と相談を行う場所に関する注意事項（Q33）を取り上げ、相談者が異性の場合と精神疾患を抱えている場合の注意事項（Q34）についても取り上げる。　　　　　　　　　　　　　　　　　　　（狩倉博之）

出張相談

出張相談の注意点は?

A 相談場所の設定に注意すること、相談料のほか交通費・日当についても事前に説明しておくこと、相談に使用する資料・書式、釣銭・領収書等を準備して持参することが必要である。当日の不慮のトラブルに備え、連絡先もあらかじめ確認しておくべきである。また、相談の結果、案件を受任する場合には、受任後の打合せの方法や費用の負担について確認しておく必要がある。

(1)相談場所の設定

　相談者のプライバシーの保護、不慮のトラブルの予防等に十分に配慮して相談場所を設定する必要がある（Q33・Q34参照)。

(2)費用

　相談場所までの移動に時間を要するため、相談料に加えて交通費や日当を請求すべき場合がある。交通費・日当を含めた費用について、あらかじめ相談者に説明しておかないと、当日になって支払額について揉めたり、所持金の不足等により支払を受けられなかったりするおそれがある。その場で現金払いの場合は、釣銭や領収書を準備していく必要がある。

　相談料や日当の支払が難しい相談者については、一定の条件を満たせば、法テラスの出張相談を利用することができる。その場合は、事前に「出張相談申請書」を法テラスに提出し、承認を得ておく必要がある。

(3)相談の準備

　相談所等での相談と異なり、相談時に参照する六法等の資料や受任時に使用する契約書等の書式は、出張先に備え付けられてはいないので、事前に必要な資料や書式を準備し、持参する必要がある。

　また、その場で書類をコピーすることができないため、必要な書類はあら

かじめコピーを依頼しておくか、当日預かることができるように預かり証を準備しておくとよい。コピーの代替として、ハンドスキャナーやカメラを持参することも考えらえる。

　相談当日は不慣れな場所に赴くことになるため、相談開始時間までに到着できなかったり、何らかの行き違いにより相談者と会うことができなかったりする可能性がある。余裕をもって出発するようにし、相談者の当日の連絡先を事前に確認しておくことが望ましい。

（4）受任

　相談の結果、事件を受任する場合には、受任後の打合せの方法（受任後も出張して打合せを行うのか、その場合の交通費や日当の負担をどうするかなど）について確認しておく必要がある。

　弁護士の側で受任後の出張対応は予定しておらず、代替手段も講じることができない場合には、相談者の自宅等からアクセスの良い近隣の弁護士に改めて相談するなどして、同弁護士に依頼することを勧めることを検討する。

　なお、訴訟が想定される事案では、尋問期日に出廷が可能かどうかを確認し、出廷が難しいようであれば、立証が十分にできず、不利になる可能性があることもあらかじめ説明しておいたほうがよい。　　　（和田祐輔・重野裕子）

出張相談

相談場所の注意点は?

A 相談者が出張での相談を希望する理由や相談者のプライバシー、不慮のトラブルの予防等を考慮して、相談場所を決定する必要がある。相談場所によっては、事前予約・手配を要する場合があることに留意する。

(1)相談者の自宅の場合

　相談者の自宅での相談は、相談者にとって移動の負担がなく、弁護士にとっても持参した資料をその場で確認しやすいといったメリットがある一方、相談者のプライベートな空間であり、相談者においては、初対面の他人が立ち入ることに不安を抱きやすい。

　日程調整の連絡を行うときから、相談者とできるだけコミュニケーションをとっておくこと、挨拶や時間の厳守といった訪問時のマナーを守ることが重要である。

　また、密室になりやすいため、相談内容や弁護士の助言内容に対し相談者が興奮するなどした場合に、身の危険を感じたり、身体的接触や物品の紛失等、いわれのない疑いをかけられたりしかねない。

　トラブルが生じた場合に退室しやすい場所に座るようにし、必要以上に相談者に接近することはせず、室内の物には触れないようにするといった注意が必要である。相談者の親族や支援者に同席してもらうことや複数人の弁護士で訪問することを検討してもよいだろう。

(2)施設や病院の場合

　福祉施設や病院等で相談を行う場合、施設・病院等によっては、面会可能な時間が定められていたり、事前予約が必要とされていたりすることがあるため、あらかじめ確認しておく必要がある。

　また、相談者が個室ではなく多床室に入所・入院している場合には、プライバシーが確保され、相談者が安心して話をすることができるように、別室

の手配等を施設や病院に申し入れておく必要もある。

（3）その他の公共の場所の場合

　相談者の意向や事情によっては、公共の施設や喫茶店等を利用して相談を行うこともあり得る。そのような場合には、可能な限り、周囲に話の内容が漏れ聞こえにくい座席を選択したり、声のトーンに注意したりするなど、相談者のプライバシーに配慮する必要がある。　　　　　　（和田祐輔・重野裕子）

出張相談

法律相談体験記 ④　**著名人からの相談**

　長く弁護士をしていると、期せずして芸能人やスポーツ選手といった著名人や、その親族から相談を受けることがある。ミーハーな心が顔を出し、ついついそれを話題にしてしまいがちである。かく言う筆者も、著名人の関係者から相談を受けた際、その著名人のことを必要以上に話題にしてしまい、嫌な顔をされてしまったことがある。

　相談者から説明があれば別であるが、弁護士としては、著名人だと気づいても、気づいていない前提で、法律相談に集中するのがよいと思う。　　（杉原弘康）

Q 34　相談者が異性だったり、精神疾患を抱えていたら？

A 相談者が異性の場合や精神疾患を抱えている場合でも、基本的には通常通りに相談を行えばよいが、相談者に対する配慮やトラブル予防の観点から、相談の場所や実施方法を工夫する必要がある。

（1）異性の場合

　相談場所で相談者と弁護士が２人きりになることも多いが、相談者が異性の場合、相談者が不安を感じたり、担当弁護士において、いわれのない誤解をされたり、危険を感じたりすることもあり得る。そのため、相談者の意向を聞いたうえで、相談場所を自宅以外にするとか、相談者の親族や知人に同席してもらう、他の弁護士や事務職員を同行するといった工夫が必要である。最低限、相談の際は相談者と一定の距離を保つようにし、退室しやすい場所に座るようにするといった対応をとるべきであろう。

（2）精神疾患がある場合

　精神疾患の内容や病状によっては、自身が抱えているトラブルについて適切に説明することが難しい場合や、弁護士の説明を十分に理解できない場合、興奮したり落ち込んだりしやすい場合等がある。

　精神疾患により外出が難しかったり、入院・入所中であったりすることを理由に出張相談の申込みがあった場合には、本人や支援者からあらかじめ病状や配慮を要することを聴き取っておき、相談の内容上問題がなく、本人の了解が得られるようであれば、親族や支援者等に同席してもらうことが望ましい。

（和田祐輔・重野裕子）

4 電話相談・リモート相談

　近時、弁護士会が実施する法律相談において、広く電話相談が行われるようになっている。

　さらに、新型コロナウイルス感染症の蔓延により、電話相談の機会が増えるとともに、Webを利用したリモート相談が急速に拡大・普及するようになった。

　これらの相談方法は、利用者に自宅や職場等、都合の良い場所で相談を受けることを可能にし、法律相談を身近なものにしたといえる。

　他方、対面の相談に比べ意思疎通が難しい場合があり、相談者の権利・義務という重大な事項を対象とする法律相談においては、事実関係の聴取と回答・助言の正確性を確保することに問題がないとはいえない。

　以下では、電話相談（Q35〜Q39）とリモート相談（Q40）において注意すべき点を取り上げ、コミュニケーション上の支障によるトラブルを防止し、これらの相談方法を効果的に活用するヒントを提示する。　　　　　（狩倉博之）

電話・リモート

| Q 35 | 電話相談の注意点は? |

| A | 電話相談のみでは必ずしも正確な回答ができない場合があること、口頭で聴き取った限りの内容を前提とした回答になることを説明しておくべきである。
そのうえで、面談相談が適当な内容の場合には、面談での継続相談ないしは最寄りの相談所等での再相談を勧めるようにする。 |

　電話相談では、互いの表情や仕草、相談内容に関する資料等を共有することができないため、正確な事案の把握や回答、相談者の理解の程度の把握、信頼関係の構築等が、面談相談の場合よりも難しい。

　そのため、相談の冒頭あるいは終了時に、電話相談のみでは必ずしも正確な回答ができない場合があることや、口頭で聴き取った限りの内容を前提とする回答にならざるを得ないことを十分に説明しておくべきである。

　また、相談内容（事案の複雑さや資料閲覧の必要性等）によっては、面談での継続相談を勧めたり、弁護士会や自治体等が実施している最寄りの相談所等を案内したりすることが望ましい。　　　　　　（和田祐輔・重野裕子）

Q36 電話口に相談者以外の方が同席していてもよいか?

A 相談者が了解している限りは、同席することは構わない。相談者が事実関係を整理できておらず、また、弁護士に対してうまく説明ができないといった場合には、同席が望ましい場合もある。ただし、相談内容に関して相談者と同席する者との間に利害対立があり、また、生じる可能性がある場合や、高度に相談者のプライバシーにかかわる場合には、同席が適当ではない場合もある。同席する者と相談者との関係についても確認が必要である。なお、相談者が同席を望んでいない場合は、相談者のみと相談できる環境を確保したうえで、相談者のみと相談を行うべきである。

　相談者の意思を適切に確認したうえで、相談者が同席を了解している限りは、同席しても構わない。相談者が事実関係を整理できておらず、同席者が相談者よりも事情に詳しい場合や、相談者がうまく説明できないため、同席者がサポートする必要がある場合等、同席が望ましい場合もある。

　もっとも、相談者が同席を了解していても、相談内容に関して相談者と同席者との間に利害対立があり、また、生じる可能性がある場合や、相談者のプライバシーにかかわる内容であるとき等、同席が適当でない場合もある。相談者と同席者の関係によっては、相談者が同席者から同席を強いられている場合もあるので、同席者に一時離席を求めるなど、相談者の意思の確認を注意して行う必要がある。

　一方、相談者に同席を承諾する意思がなく、同席を望まない場合は、直ちに相談を中止し、相談者の希望がある場合には、後日、改めて相談者単独での相談に応じるべきである。その際は、相談者とのみ相談できる環境を確保する必要があり、電話相談では同席者の有無が確認できない場合があるので、面談相談が望ましいと考える。 　　　　　　　　　　　　（笹岡亮祐・杉原弘康）

電話・リモート

Q 37　相談者が本人か否か、どう確認するか?

A　氏名（フルネーム）・住所・生年月日・電話番号を本人から聴取することによって身元を確認する。本人であるか否かに疑念が残る場合には、本人に不利益が生じないように、一般的な回答にとどめることが無難である。

　Q17で述べたとおり、相談者はあくまでも本人であり、弁護士は電話口の相談者が当該相談についての相談者本人であることを前提に相談を行っている。利害関係の対立がある者が本人になりすまして相談するなど、本人ではない者に法的な回答を不適切に利用される可能性があるため、電話口の相談者が本人であることを確認する必要がある。

　面談相談であれば、運転免許証等の写真付き身分証明書を確認することによって本人確認ができるが、電話相談では身分証明書による本人確認ができないため、本人の氏名（フルネーム）・住所・生年月日・電話番号等を聴き、相談予約時に記録された情報と照合する方法が考えられる。

　それでもなお本人確認が十分にできない場合、弁護士としては、電話口の相談者が話した内容・情報をもとに法的見解を述べるに過ぎないことから、相談を行ったとしても直ちに本人に不利益が及ぶわけではない。

　ただし、法的見解を不適切に利用されるおそれはあるので、懸念が残る場合には、一般的な回答にとどめることが無難である。また、聴取した事実に基づく回答であることを明確にしておき、できれば録音しておくようにする。

（笹岡亮祐・杉原弘康）

「相談の前に資料を事務所に送る」と言われたら？

A 充実した相談を行うため、参考となる資料を事前に送ってもらうことは有益である。ただし、紛失の危険、保管・返還及び過大な事前検討の負担を避けるため、原本は送付しないようにしてもらい、相談後、送付された資料を廃棄することについても了解を得ておく必要がある。

　法律相談においては、相談者から事案の概要を聴取していくが、相談者が問題点を整理できないままに法律相談に臨んでいることは少なくない。

　そのため、契約書や通帳、相手方からの通知書等の資料は、客観的な事実を把握し、問題点を理解するために有用で、事前に資料を送付してもらうことは充実した相談に資するといえる。

　他方で、資料を適切に保管する必要があり、紛失した場合には責任を問われることにもなりかねない。また、返還する必要が生じ、資料を事前に検討する必要も生じる。

　これらの責任と負担を軽減するためには、原本は送付しないようにしてもらい、相談終了後、送付された資料を廃棄することの了解を相談者からあらかじめ得ておくべきである。返還が必要な資料がある場合には、資料送付時に返信用封筒も送っておいてもらうようにする。また、資料は基本的には相談時に話を聴きながら参照すること、事前に詳細までは検討しておけないことを明確にしておくとよい。

（西川　啓・狩倉博之）

A　依頼者に会い、面談したうえで受任することが望ましいが、電話相談のみで受任せざるを得ない場合もありうる。

　案件を受任するにあたっては、事実関係を聴き取り、それに基づく見通しや方針を立てて相談者に説明し、方針について相談者の了解を得たうえで、弁護士報酬等の委任契約の内容についても了解を得る必要がある。相談者において、対面でなくとも弁護士の説明を理解したうえで了解することができるのであれば、相談者に会うことなく受任することも可能ではある。

　また、相談者の居住地が遠方である場合や相談者が高齢で法律事務所まで来ることができない場合、また、コロナ禍のような場合もあり、電話相談のみで受任することが必要な場合はある。

　ただし、事実関係の確認、見通しや方針の立案は、対面でも1回では難しい場合があり、委任契約の内容の確認も電話限りでは難しく、相談者が正確に理解できていない場合があるので、後日、トラブルになる可能性がある。

　一般的には、コミュニケーションの方法としては、電話は対面に劣るものといえる。そのため、電話相談で受任の方向である旨は伝えつつ、面談が可能であれば面談のうえで受任することが望ましい。遠方等でどうしても対面が難しい場合でも、Webを利用したリモートでの相談を試みたり、方針や委任契約の内容を書面にまとめて相談者に送ったりして、委任契約の内容等を十分に確認してもらったうえで受任することが適当である。

　なお、債務整理事件において必要な依頼者との「面談」にリモート相談は含まれないと解されており（債務整理規程3条1項・2項）、注意を要する。

（井上志穂・狩倉博之）

Q 40　リモート相談での注意点は?

A　事前に映像・音声等の確認を行うとともに、リモート相談の特性に配慮した話し方や画面共有の活用等、コミュニケーション上の工夫を心がける。
通信トラブルが発生した場合、電話相談に切り替えるといった柔軟な対応をとるようにする。

(1)事前準備

　通信状況・機材・設定の問題で相談に支障が生じないよう、アプリケーション(Zoom・Teams等)のテスト通話機能を用いて、通信状況や映像・音声の設定に問題がないかを事前に確認しておく。守秘義務違反を防ぐため、他の案件の記録等が映り込んでいないか、周囲の会話をマイクが拾っていないかといった点には十分に注意する。

(2)相談中に心がけること

　リモート相談では、発言が聞き手に届くまでにわずかながらタイムラグがあり、話を始めるタイミングがつかみにくく、弁護士と相談者の発言が重なってしまうことがある。話の切れ目や質問を受けるタイミングを明確にするとよい。映像という電話にはない強みを活かすため、身振りや表情を活用したり(対面時よりもメリハリを付ける)、画面共有機能で同じ書類を見ながら話したりといったことが有効である(事前にメール等で資料を受領しておけば、弁護士の側が操作して画面共有することができる)。

　他方で、リモート相談は、対面相談と比べ、録音・録画されていることが把握しにくく、また、相談者の周囲に他の者がいたとしても、それに気付くことは難しいため、回答は一般論にとどめるといった配慮が必要な場合がある。

　相談中に通信トラブルが発生した場合、その旨を口頭やチャット機能を利用して相談者に伝え、電話相談に切り替えるとか、別日に再度相談を実施するといった柔軟な対応をとるようにする。　　　　　　　(中川原弘恭・中野智仁)

電話・リモート

第 **3** 章

分野別の困りごと

　法律相談において聴くべきこと、弁護士が困ることは、相談の種類により異なってくる。そこで、法律相談で遭遇することの多い分野について、最低限聴くべきこと、聴いておいたほうがよいこと、回答において悩むことが多い事項を分野ごとに取り上げることとした。

　日常の法律相談で相談を受けることが多い分野・事項をできるだけ取り上げたので、取り上げた事項以外の困りごとが生じた場合でも、これらを参考にしてほしい。

1 債務整理

　債務整理に関する法律相談は、引き続き件数が多く、若手弁護士にとっては、弁護士登録後、比較的早い段階で担当することになる相談の一つである。債務整理に関して聴取すべき事項や必要な資料については、かなりの程度、定型化されており、多くの書籍も存在するが、法律相談という時間が限られた中で、最低限必要な事項を聴取し、必要となる資料を的確に指示することは、必ずしも簡単なことではない。

　また、債務整理にあたっては、破産、民事再生、任意整理といったように、選択すべき手続・手法が複数あるため、初期の法律相談の段階で、これらのうちのいずれを選択すべきかの見通しを立てることも、経験が乏しい弁護士には不安の残るところである。

　これらの状況を踏まえ、以下においては、債務整理全般について、法律相談において聴取すべき事項（Q41）と相談時に持参してもらえるとよい資料（Q42）、多数となることが少なくなく、相談者において必ずしも正確に記憶していないことがある債権者について、どのように特定すべきか（Q43・Q44）を取り上げた。また、法律相談段階における破産、民事再生、任意整理の選択のポイント（Q45〜Q47）についても解説している。加えて、法律相談において債務者である相談者から聴かれることの多い質問（Q48・Q49）と、法律相談から受任にいたる際に相談者に注意喚起しておくべき事項（Q50）についても取り上げた。

（狩倉博之）

Q41 相談時に聴くべきことは?

A ①債務の状況、借入の経緯、弁済が難しくなった事情、②収支の状況、職業、家族構成、③資産の有無・内容、④相談者が望んでいることや不安に思っていることを聴くべきである。

(1) 債務の状況、借入の経緯、弁済が難しくなった事情

　債務の状況を確認するため、債務の総額、各債権者に対しどの程度の債務があるのか、毎月の返済額はいくらか、既に返済を停止している場合や長期にわたり返済していない場合は最後の借入や返済はいつ頃か、借入やクレジットカード利用以外に支払が滞っているもの（税金や家賃等）はないかを確認する。

　また、知人や職場からの借入や保証債務を債務とは認識していない相談者も多いため、親族・友人・職場からの借入がないか、保証人になっていないかについても確認する。

　あわせて、債務整理の見通しを立てたり、免責不許可事由の有無を検討したりするため、借入の理由や時期、使途、弁済が難しくなった事情、以前に債務整理を行ったことがあるかについても確認する。

(2) 収支の状況、職業、家族構成

　今後の弁済可能性及び弁護士費用や予納金の支払可能性、資格制限の有無を検討するため、相談者自身の収入や職業、家族と同居している場合には家族構成や家族の収入、家計全体の支出の状況（家賃・水道光熱費・通信費・食費・教育費・医療費・交際費等）を確認する。

(3) 資産の有無・内容

　資産の換価による弁済可能性や法的整理により失う財産の有無を検討するため、不動産や自動車・バイクの所有の有無、預貯金額、保険加入の有無、

株式や投資信託等の有無、長期間同じ会社に勤務している場合には積立金や退職金制度の有無、遺産分割未了の相続財産の有無などを確認する。

　不動産・自動車・バイク・解約返戻金のある保険契約等がある場合には、それらの維持・処分についての意向も聴取しておく。

　預貯金については、受任通知時に相殺される可能性が高いことから、金融機関名も確認する。

（4）相談者の希望や不安等

　債務整理の方針選択や説明の仕方、受任後の信頼関係の構築にも影響するため、相談者が望んでいること（自宅を残したいなど）、不安に思っていること（破産したことを会社に知られないかなど）についても聴取する。

（渡邊泰孝・重野裕子）

Q 42 相談時に持参してもらうべき資料は?

A ①督促状等の借入に関する資料、②給与明細等の収入に関する資料、③通帳等の資産に関する資料を持参してもらうとよい。

(1) 借入に関する資料

債権者から届いた請求書や督促状、クレジットカードの明細書、ローンの返済計画表、裁判所からの訴状や支払督促等、債権者や債務額・その内訳等に関する資料が相談者の手元にあれば、持参してもらう(紙媒体ではなく、インターネット上で閲覧する方式の場合には、相談時に画面を示すことができるように準備をしてきてもらう)。

可能であれば、債権者ごとに債務額や毎月の支払額をリストアップしたメモを持参してもらえると、限られた時間でも充実した相談になりやすい。

(2) 収入に関する資料

源泉徴収票や給与明細書(最低限、直近2か月分)や賞与明細、確定申告書等、相談者の収入に関する資料を持参してもらえると、債務整理の方針選択において参考になるほか、法テラスの利用を検討する際の資料にもなる。

(3) 資産に関する資料

相談者自身名義の通帳や保険証券(その他、解約返戻金の有無・金額がわかる資料)を一通り持参してもらう。不動産を所有している場合は、可能であれば登記事項証明書やその価格の査定書、自動車を所有している場合には車検証を持参してもらう。

(渡邊泰孝・重野裕子)

相談者がどこからいくら借りているか覚えていなかったら？

A 初回相談の時点では、おおよその債権者数や債務総額、最終取引の時期を聴取する程度でも構わない。詳細は、継続相談とし、改めて資料を持参してもらったり、信用情報の取得を試みさせたりするとともに、受任後の調査に委ねることができる。

　債務整理の相談者は、自身では債務の状況を把握できなくなっていたり、精神的に追い詰められて債権者からの郵便物を開封できずにいたりしており、昔の借入について突然請求書が届いたことに驚いて相談に来る場合も多く、債務の内訳等を正確に把握しているとは限らない。

　初回相談の時点では、相談者の記憶や手元にある資料の限りで、概ねの債務総額や債権者数、最終の借入または弁済がいつ頃か、消滅時効が成立している可能性がないかを確認する程度でもやむを得ない。

　そのうえで、時効により債務が消滅している可能性がある場合には、時効の援用について説明する。債務が存在すること自体は確実で、かつ、破産手続等が必要で、依頼の意思が明らかな場合には、受任したうえで、詳細の確認は受任後の債権調査によることでも足りる。

　債務の規模や内訳を確認したうえで方針の検討を行う必要がある場合には、債権者からの請求書やカード・通帳等、債権者や債務額の確認に有用な資料があるようであれば持参を指示し、信用情報機関（CIC（株式会社シー・アイ・シー）・JICC（株式会社日本信用情報機構）・KSC（全国銀行個人情報センター）の３社がある）に対する情報開示請求の方法を説明するなどして、相談を後日に継続し、債務の状況を確認したうえで方針を決定する。

（渡邊泰孝・重野裕子）

Q44 債権者の住所・電話番号がわからなかったら?

A 債権者名や把握している限りの情報をもとに、可能な範囲で調査を行う。それでも住所や電話番号がわからない場合には、債権者との交渉を要する任意整理は行えないが、破産の場合は、把握している限りの情報を債権者一覧表に記載することにより、申立てを行うことが可能である。

　債権者名がわかっていても住所や電話番号がわからない場合には、債権調査を行うことができず、債権者一覧表に正確な情報を記載することや債権者との交渉を行うことができない場合がある。

　インターネット等による検索や、過去の住所や電話番号から住民票等の取得や弁護士法23条の2による照会により調査を行うことで判明する場合もあり、貸金業者等は社名さえわかれば通知先の調査は可能である。

　ヤミ金等、調査を尽くしても住所や電話番号がわからない場合には、破産手続においては、債権者一覧表に判明している限りの情報を記載し、必要に応じて事情に関する報告書を別途作成し、添付することで申立てを行うことが可能である。

　任意整理については、住所も電話番号もわからなければ債権者と交渉しようがないため、破産に方針を変更するか、債務整理の対象から外したうえで、債権者からの請求等を待ち、最終的には時効期間の経過を待つことにならざるを得ない。

（渡邊泰孝・重野裕子）

Q 45	破産・個人再生・任意整理をどのように選択するか？

A	債務整理の方針は、①債務総額、②収支状況、③これらを前提とする分割返済の実現可能性、④整理の対象から除きたい債務の有無、⑤処分したくない財産の有無、⑥免責不許可となる可能性の有無、⑦資格制限の影響の有無、⑧相談者の意向等を踏まえ、可能な方法によることになる。

(1)破産

破産債権全額について免責を受けることができ、以後の返済の負担がないため、相談者の生活再建にとっては端的な手段といえる。個々の弁護士の考え方にもよるが、債権者数や負債額が相当程度に及ぶ場合には、まずは破産が可能かどうかを考え、破産を選択できない場合に他の手段を検討するという順序で判断することが多い。破産を選択できない事情としては、以下のような場合があげられる。

①住宅ローンの支払を続けて自宅を残したい場合

②友人に対する債務等、住宅ローン以外に支払い続けたい債務がある場合

③裁量免責も認められない可能性が高い免責不許可事由がある場合（弁護士受任後の偏頗弁済や資産処分があり、かつ、繰り返されている場合等）

④警備員や保険の外交員等、資格制限のある職業についている場合

⑤新規の保険加入が困難な状況での高額の解約返戻金のある保険等、処分されたくない財産がある場合

⑥相談者の心理的抵抗が強い場合（借りたものは返したい等）

(2)個人再生

個人再生の場合、債務の全額ではないものの元本を大幅にカットすることができ、一部の返済は必要ではあるが、任意整理に比べ相談者の経済的な負担は少ない。前記の事情から破産手続を選択することができない場合には、個人再生を検討することになる。

　具体的には、住宅資金特別条項により住宅ローンを支払い続けて自宅を残せること、免責不許可や資格制限に関する問題を避けられること等から、前記①③④のような理由から破産を選択できない場合には個人再生を検討することになる。また、一定額以上の財産について、必ずしも処分が必要とはされてはいないため、清算価値基準以上の返済が可能であれば、前記⑤のような理由がある場合にも個人再生を検討することになる。

　一方、前記②⑥のような理由による場合には、個人再生を選択しても、破産を選択できない事情が解消するわけではないので、個人再生を選択することもできないことになる。また、債務額が最低弁済額未満（100万円以下）で個人再生による元本カットのメリットがない場合、積極的に反対する債権者が債権者数及び債権総額の半分を超え、再生計画が不認可となる可能性が高い場合、収支状況が不安定である、返済総額が高額であるといった理由から、3年ないしは5年以内の弁済計画の履行可能性がない場合にも個人再生を選択することはできない。

（3）任意整理

　任意整理は財産の処分を前提とせず、通常は、元本カットは見込めないが、整理の対象とする債務の範囲は、合理的理由がある限りは任意に選択できるため、破産も個人再生も選択できない事情がある場合には、任意整理を検討することになる。また、債権者数と負債額が少ない場合には、破産等の手続をとることによる費用や時間を節約するため、破産等の検討に先立ち任意整理を検討することが適当なこともある。

　任意整理が可能か否かは、不要な財産の換価や毎月の収入から支出を差し引いた余剰額により、債務の元本総額を3年ないしは5年以内程度で完済可能かどうかが一応の目安となる。ただし、近年は経過利息や将来利息の支払を求めてくる債権者が少なくなく、元本総額のみの返済により解決できるとは限らないことには注意が必要である。　　　　　（渡邊泰孝・重野裕子）

自己破産のデメリットは?

A ①原則として自由財産を除く全ての財産が処分されること、②官報に氏名・住所が掲載されること、③信用情報機関に登録されること、④破産手続中は一定の資格を要する仕事ができなくなること、⑤管財事件になった場合、予納金を準備する必要が生じ、一定の期間、郵便物が破産管財人に転送されること等があげられる。

(1)財産の処分

　裁判所により取扱いが若干異なるが、99万円を超える現金や20万円以上の資産価値がある財産は、破産財団を構成し、破産管財人により換価・回収される扱いとされていることが多い。

　失いたくない財産がある場合、その財産の評価額と同程度の金額を破産財団に組み入れることにより破産者の手元に残すことができる余地はあるが、破産手続開始決定以降の収入ないしは他者からの援助等により工面できなければ処分は免れない。

(2)官報への掲載

　破産手続を行うと、開始決定と免責許可決定の際、官報に破産者の氏名・住所が掲載される。そのため、破産手続を行ったことを他人に知られるリスクがある。

　もっとも、官報は一般の書店では販売しておらず、インターネット版の無料公開は30日分に限られているため、一般人が見ることは通常はなく、身近な人間に知られるケースは多いとはいえない。もっとも、官報に掲載された破産者の情報をまとめたWebサイトが開設されるなど、安心してよいとまで説明してよいかは悩ましくなっている。

（3）信用情報機関への登録

　破産手続を行うと信用情報機関に事故情報として登録されるため、新たにローンやクレジットカードの契約をすること、携帯電話を分割払いで購入すること等は難しくなる。もっとも、個人再生や任意整理を選択した場合や数か月間延滞した場合でも記録され、破産を検討するような状態にある場合は既に返済が滞っており、記録されている場合が多いことから、破産の場合に限ったデメリットではない。なお、登録期間は信用情報機関によって異なるが、概ね5年から10年程度である。

（4）資格制限

　破産手続を行うと、破産手続開始決定から復権（免責許可決定の確定等）まで、一定の資格制限を受け、一部の士業、警備員、保険の外交員、宅地建物取扱業、旅行業務取扱主任者等の仕事ができなくなってしまう。

（5）郵便物の転送

　管財事件となった場合には、破産者の財産や負債を破産管財人が発見するためといった理由から、破産手続開始から一定の期間（例えば、第1回債権者集会まで）、破産者宛の郵便物が破産管財人に転送される。転送された郵便物を受け取るためには、破産管財人の事務所へ出向くか、破産管財人から送付してもらう必要があり、その手間を要し、郵便物の確認を早期にはできなくなってしまう。

（渡邊泰孝・重野裕子）

Q 47　法人と代表者は一緒に破産しなければならない?

A 法人が破産する場合、常に代表者も破産しなければならないというわけではないが、代表者が法人の債務について連帯保証人になっており、代表者においても弁済することができないといった状態であれば、破産せざるを得ない状況となる。
代表者が破産する場合についても、常に法人が破産しなければならないというわけではないが、会社と代表者の債権・債務その他の権利関係が関連しあっていることから、原則として同時申立てを求める運用をしている裁判所が少なくない。

　法人と代表者は別人格であるため、代表者が法人の債務を弁済する義務を当然に負うわけではなく、代表者の資産が差押等の対象になることもないので、法人が破産するからといって代表者も当然に破産しなければならないというわけではない。ただし、代表者が法人の債務について連帯保証人になっている場合には、連帯保証した債務については代表者も支払義務を負うことになり、自身の収入・資産から弁済ができなければ、代表者も破産せざるを得なくなる場合がある。

　代表者が破産する場合についても、法人格が異なり、また、代表者の債務と会社の債務が関係するものであるとは限らないため、常に法人も破産しなければならないというわけではない。実際には代表者の負債が法人と関係する場合が少なくなく、代表者が法人に対する貸付金を有する場合もある。代表者のみが破産手続開始決定を受けてしまうと、法人と代表者の間の委任契約が終了し（民法653条2号）、代表者が存在しなくなってしまい、法人の破産申立てがされないままとなってしまいかねない。そのため、代表者が破産する場合には、原則として同時に法人の破産申立ても行うこととする運用をとっている裁判所が少なくない。

（和田祐輔・重野裕子）

Q48 「配偶者に内緒で破産手続を進めたい」と言われたら?

A 内緒で進められる可能性がないわけではないが、申立準備中及び破産手続中はもちろん、破産手続終了後にいたっても発覚のリスクは常にある。また、配偶者の協力を得られないと破産申立ての準備が円滑に進められず、破産申立てを断念しなければならない場合もある。これらのリスクを相談者に説明し、最終的には相談者の判断に委ねることになる。

　破産申立てにあたっては、家計全体の収支を記載した家計表を裁判所に提出する必要があり、配偶者名義の財産に関する資料の提出を求められる場合もあることから、配偶者の協力なく申立てに必要な資料を収集することは難しく、申立ての準備に支障を生じさせかねない。仮に配偶者に知られることなく申立てにいたったとしても、Q46に記載したとおり、官報に掲載されることや、郵便物が届かなくなること、破産管財人名義で郵便物が届く場合があること、手続中に一定の職業につけなくなる場合があること等から、配偶者に発覚する可能性は低いとはいえない。さらに、破産手続の終了後も長期間にわたりローンを組むことやクレジットカードを作成すること、分割での物品購入等を行うこと等ができなくなるため、これらのことから配偶者に発覚することもある。

　もっとも、配偶者に発覚すれば離婚を余儀なくされかねないなど、事情によっては配偶者に内緒で手続を進めざるを得ない場合もあることから、そのような場合には、上記のような発覚のリスクや場合によっては破産手続を断念せざるを得なくなりかねないことを説明したうえで、最終的には相談者の判断に委ねるほかはない。なお、内緒で手続を進められることは保証できないため、受任を断るという選択もありうる。　　　　　　（和田祐輔・重野裕子）

債務整理後、どれほどの期間、新たな借入ができなくなる?

A　最終的には各貸金業者や金融機関の判断によることになるが、少なくとも信用情報機関に事故情報が登録されている間（概ね5年から10年程度）は、新たな借入は困難である。

　債務整理を行った場合、信用情報機関に事故情報として登録される。

　登録される期間やその起算時期等は、選択した債務整理の方法や信用情報機関によって異なるが、概ね5年から10年程度である。

　信用情報の登録がされている期間中に借入ができるか否かは各貸金業者や金融機関の判断次第ではあるものの、同期間中の借入が困難であることは伝えておくべきである。

　さらに、信用情報が抹消された後に債務整理の対象とした債権者から再び借入ができるかどうかは、各債権者の取扱いと判断によることになるので、登録期間が経過したからといって、借入を再開できるとは限らない。

（和田祐輔・重野裕子）

Q 50 受任時に相談者に伝えるべきことは?

A ①新たな借入等を行わないこと、②一切の返済を停止すること（個人再生の場合の住宅ローンや任意整理の場合の対象外債務は除く）、③財産を処分する場合の事前相談と資料の確保、④ギャンブルや浪費を行わないこと、⑤家計簿の作成、⑥弁護士から質問された事項については隠し事をせずに正直に回答すること等について受任時に説明する。注意事項を記載した書面を交付することも検討する。

　依頼者は債務整理についての法的に正確な知識がないため、悪意なく、偏頗弁済その他の免責不許可事由に該当しうる行為を行ってしまう場合がある。また、自身に不都合だと思うことを隠したり、安易に重要ではないと思ってしまったことを弁護士に伝えなかったりする。発覚が遅れると手続が円滑に進められなくなることもある。

　受任時には、上記の各点について注意喚起し、遵守するべきことやその理由・重要性を説明しておくべきである。依頼者が常に確認できるよう、注意事項を記載した書面を交付し、遵守する意識を高めるため遵守を誓約する書面を提出させるといったことが望ましい場合もある。

　なお、書面を作成・交付しておくことにより、財産の隠匿行為等が行われた場合に、代理人が注意義務を適切に果たしていたことの証拠となり、依頼者がどうしても注意事項を守らないような場合には辞任の理由にもなる。

（渡邊泰孝・重野裕子）

2 交通事故

　交通事故に関する相談も、若手弁護士が早い時期に経験することが多い。また、弁護士費用特約の普及により、従来、弁護士費用がかかることから弁護士への相談や依頼がためらわれた物損事故等、損害額が比較的少額なケースについても気軽に法律相談ができるようになっており、依頼・受任となるケースも増えている。

　賠償金の算定基準や過失割合の基準等が類型化・定型化されており、これらの基準を解説している、いわゆる「赤い本」「青い本」等を参照することで相談対応しやすい分野ではあるが、これらの基準の適用や回答にあたり聴くべきこと、確認すべき資料が少なくないことから、まずは、法律相談で聴くべきこと（Q51）、持参してもらいたい資料（Q52～Q54）を確認してもらいたい。

　交通事故に関しては各種の保険が存在し、案件の解決には保険に関する知識が必要となる。保険会社の代理人をしている弁護士にとっては当たり前のことであっても、そうではない弁護士、特に若手弁護士においては、保険に関する知識が必ずしも十分ではない場合があるため、交通事故に関する各種保険とその使い分けについても取り上げた（Q55）。　　　　　　（狩倉博之）

Q 51 相談時に聴くべきことは?

A ①事故当事者・事故日時・事故発生場所・事故車両等の事故情報、②事故態様、③物損・人損の有無・内容、④各種保険への加入の有無、⑤賠償の状況等を聴取する必要がある。

(1)事故情報

　まずは、事故当事者・事故日時・事故発生場所・事故車両等の基本的な事故情報を確認する必要がある。事故の当事者と事故車両に関する情報は、当事者の特定や利益相反の有無の確認のために必要となる。

　また、事故発生日時は損害賠償金及び保険金の請求権の消滅時効の起算点等となり、事故発生場所は訴訟等の管轄の選択にあたっても必要な情報となる。

(2)事故態様

　事故態様は、当事者の責任の有無や過失割合を認定するために必要な情報となる。聴取にあたっては地図や図面を用いたり、相談者に事故状況を手書きで図示させたりするなどしつつ説明を受けることで、正確に把握するようにする。その際、目撃者やドライブレコーダーの映像等、事故の状況を証明できる証拠の有無を確認しておく。

(3)損害

　物的損害については、車両や積載物の損傷状況、修理の有無・時期、修理金額、レッカー代の金額、代車手配の有無・期間・代車料の金額を聴取し、車両等の写真や修理費の請求書等の有無を確認し、保存を指示する。

　人身損害については、負傷箇所と事故の態様・程度、治療継続の有無、完治または後遺障害の有無・見込み、治療期間等を確認し、診断書、治療費の領収書、休業損害証明書等の有無を確認し、収集を指示する。

（4）付保されている保険

　損害賠償金の回収方法・回収可能性を検討するため、相手方の自賠責保険及び任意保険への加入の有無、相談者の任意保険・車両保険・人身傷害保険・弁護士費用特約への加入の有無を確認し、相手方及び相談者が加入している任意保険会社を確認する。

（5）現在の状況

　方針の検討のため、相手方加入の任意保険会社の賠償への対応の有無、賠償内容、損害賠償額の提案の有無・提案内容、交渉状況等を確認する。

　また、相談者においては、相手方加入の任意保険会社が賠償に対応せず、自ら治療費や代車費用を負担したり、負傷により休業を余儀なくされて収入が減少したりするなど、経済的な負担が大きくなる可能性がある。方針を検討するにあたっては、相談者の生活状況も確認しておくべきである。

（笹岡亮祐・杉原弘康）

Q 52 相談時に持参してもらうべき資料は?

A ①交通事故証明書、車検証、②ドライブレコーダーのデータ、③事故車両・積載物等の写真、修理費の見積書・請求書、レッカー代・代車料の請求書、積載物等の購入時の領収書、診断書、治療費の領収書、休業損害証明書、④相談者加入の車両保険・人身傷害保険の保険証券等があげられる。

（１）事故情報に関する資料

事故の当事者と車両・事故発生日時・事故発生場所等の事故に関する基本的な情報は、交通事故証明書により確認できる。交通事故証明書が手元にあれば持参してもらう。また、車両の所有者・使用者を確認するため、車検証を持参してもらう。

（2）事故態様に関する資料

当事者の車両に搭載されたドライブレコーダーのデータが存在する場合は、そのデータを持参してもらう。また、事故車両の写真や診断書により事故態様が推認され、事故の程度がわかることがある。

（3）損害に関する資料

物的損害については、車検証、事故車両・損傷した積載物等の写真、修理費の見積書・請求書、レッカー代・代車料の請求書、積載物の購入時の領収書等があげられる。これらの資料は早期に持参してもらいたい。

人身損害については、診断書、治療費の領収書を持参してもらう。休業損害証明書があれば、それも持参してもらう。被害者は、保険会社に資料を提出する際、その写しをとっていないことがあるので、提出時には必ず写しをとるよう、あらかじめ指示しておくべきである。

（4）付保されている保険に関する資料

　相手方加入の任意保険会社から送付されてきた書面、特に、既に治療が終わり、相手方加入の保険会社から損害賠償額の計算書が送られてきている場合には必ず持参してもらう。

　車両保険や人身傷害保険、弁護士費用特約の利用の可否を確認するため、相談者が任意保険に加入している場合には、その保険の保険証券を持参してもらう。

（笹岡亮祐・杉原弘康）

法律相談体験記 ⑤　ボス弁と一緒に入る相談

　新人・若手時代はボス弁と一緒に相談に入ることが多く、そこでの立ち振る舞いに迷うことがあるかもしれない。しかし、ボス弁のことばかりを意識せず、相談者に意識を向けるのがよいと思う。

　謙虚で真面目な人は、後で役に立つようメモを取ることに注力しようと思うかもしれない。メモは役に立つし、会話に集中するとメモがおろそかになりがちになるため、ボス弁からすると確かに助かる。しかし、パソコンばかり見ていて、相談者と目も合わせないようでは問題である。相談者は、ないがしろにされていると感じるかもしれないし、若手はメモ係だろうからボス弁と話そうという意識になってしまう。これでは受任後も実質的な話はボス弁にしかしてもらえなくなって、案件が滞りかねない。無理にしゃしゃり出る必要はなく、メモを取りながらも相談者に目を向けて、内容によっては相槌や表情で反応するなど、相談者と自然に接すれば十分である。初めはボス弁のほうばかりを向いて話していた相談者が、自分とも目が合ってくるようになれば、それは信頼関係構築の第一歩である。

（中野智仁）

<table>
<tr><td>Q
53</td><td>物損事故で必要となる資料は?</td></tr>
<tr><td>A</td><td>交通事故証明書及びドライブレコーダーのデータのほか、物損事故に特有な資料としては、物件事故報告書、車検証・自動車登録事項証明書、事故車両の写真、修理費の見積書・請求書、レッドブック、価格査定書、レッカー代・代車料の請求書、積載物の購入時の領収書等があげられる。
物件事故報告書は警察署から取得する。レッドブックは相談者・相手方が加入する任意保険会社から取得できる場合がある。</td></tr>
</table>

(1) 事故態様に関する資料

　事故当事者の車両にドライブレコーダーが搭載されていた場合、その映像から事故態様と事故の程度を直接的に明らかにできる。

　ドライブレコーダーのデータは、相談者が有している場合は相談者から取得し、相手方が有している場合には相手方が加入している任意保険会社を通じて取得する。

　ドライブレコーダーのデータがない場合、物損事故においては、物件事故報告書により事故態様の概要を明らかにできることがある。

　物件事故報告書とは、警察官が事故の通報を受けて現場に臨場した際に、事故態様を簡易に図示し、事故を記録した書面である。弁護士法23条の2による照会や裁判所を通じた文書送付嘱託により、管轄の警察署から取得することが可能であるが、提供を拒否される場合や事故態様の図示がない場合もある。

　なお、事故発生時の信号機の表示が争点となる場合には、当該信号機の信号サイクル表を、弁護士法23条の2による照会や裁判所を通じた調査嘱託により、管轄の警察署から取得することを検討すべきである。

(2) 損害に関する資料

　主なものとしては、自動車の車種・年式・走行距離等を明らかにするため

の車検証または自動車登録事項証明書、損傷状況を明らかにするための事故車両の写真、修理費の見積書・請求書、事故車両の価格を明らかにするための有限会社オートガイドが発行するオートガイド自動車価格月報（レッドブック）・中古自動車買取業者の査定書、レッカー代・代車料の請求書、積載物の購入時の領収書等があげられる。

　車検証・自動車登録事項証明書、事故車両の写真、修理費の見積書・請求書、中古自動車買取業者の査定書、レッカー代・代車料の請求書、積載物の購入時の領収書は、相談者に準備ないしは取得してもらうことが可能である。また、相手方ないしは相談者が加入する任意保険会社がこれらの資料を保有している場合もある。

　レッドブックは、弁護士会や公共の図書館で閲覧することができる場合があるが、相談者ないしは相手方が加入する任意保険会社から被害車両に関する部分の写しの提供を受けることも考えられる。　　　　　（笹岡亮祐・杉原弘康）

Q 54 　人身事故で必要となる資料は?

A　①交通事故証明書及びドライブレコーダーの映像のほか、実況見分調書、②診断書、診療報酬明細書、治療費その他の領収書、後遺障害診断書、カルテ、画像記録、休業損害証明書、源泉徴収票・確定申告書等が必要である。

これらの資料は、相談者、保険会社、裁判所・検察庁、医療機関、勤務先等から取得することができる。

(1) 事故態様に関する資料

　事故態様を明らかにするための資料としては、Q53で述べたドライブレコーダーの映像のほか、実況見分調書、当事者の供述調書、防犯カメラの映像、事故車両の写真、診断書等がある。

　刑事事件が起訴されている場合、公判が係属しているときには、謄写請求、弁護士法23条の2の照会または訴訟手続における文書送付嘱託により取得でき、判決が確定しているときには、謄写請求により管轄の検察庁から取得することができる。

　刑事事件が不起訴となっている場合、謄写請求、弁護士法23条の2の照会または文書送付嘱託により、管轄の検察庁から取得できるが、謄写請求と弁護士法23条の2の照会については、開示対象が実況見分調書に限られる。以上の資料は民事事件で使用する目的で取得するため、一部または全部の開示が制限される場合がある。

(2) 治療に関する資料

　治療に関する資料としては、診断書、診療報酬明細書、治療費の領収書、後遺障害診断書、カルテ、画像記録等があげられ、これらの資料は通院先の医療機関が作成ないしは保管するものであることから、医療機関に請求することで取得することが可能である。

　請求方法としては、医療機関所定の開示手続、弁護士法23条の2の照会、

裁判所による文書送付嘱託があるが、いずれにしても、原則として相談者本人の同意書が必要となる。

　診断書と診療報酬明細書については、相手方加入の任意保険会社が治療費の支払をしている場合には同社から取得することが可能である。同社がその他の資料を保持している場合もあるため、まずは同社に資料を請求することが簡便である。なお、相談者加入の人身傷害保険を利用している場合は、相談者加入の保険会社に対して資料を請求することになる。

　治療費・通院費の領収証と後遺障害診断書は本人宛に発行されるため、通常は相談者に取得してもらう。

　休業損害を明らかにする資料としては休業損害証明書があり、相談者の勤務先から取得する。休業損害ないしは逸失利益の算定のための基礎となる収入を明らかにする資料として、源泉徴収票を勤務先より取得する。相談者が個人事業主の場合は、確定申告書を相談者より取得する。

　これらの資料がない場合は、課税証明書を役所で取得してもらう。なお、確定申告書を申告先の税務署にて閲覧・写真撮影することも可能であるが、使用目的に制限があるため注意が必要である。　　　　　（笹岡亮祐・杉原弘康）

交通事故に関する保険をどう説明しておくべき?

A 自賠責保険は人身損害のみを対象とし、限度額があること、対人賠償保険がこれを補う役割を有すること、物的損害は対物賠償保険や車両保険により塡補されること、労災保険は損害とは別に支給される費目があること、人身傷害保険は自己の過失部分の損害を塡補できることなどを説明する。

(1)自賠責保険

　自賠責保険は、人身損害のみを補償の対象とする強制保険である。所定の基準にしたがって保険金の限度額の範囲内で保険金が支払われるが、治療費、通院交通費、休業損害、傷害慰謝料等の傷害に関する保険金額は合計120万円が上限となる。被害者の過失割合が7割以上でない限りは、過失の存在による減額はされない。相手方が任意保険に加入している場合は、その保険会社に対し自賠責保険金を請求(一括請求)することができる。自賠責保険に対し直接保険金を請求(被害者請求)することも可能である。

(2)任意保険

　任意保険は、対人賠償保険と対物賠償保険があり、契約で設定された保険金額の範囲内で損害が塡補される。両保険とも、保険を使用すると保険料が高くなる。

　対人賠償保険については、自賠責保険で塡補されない人身損害を塡補する役割を有し、保険金の算定基準は自賠責保険を上回ることが一般的である。任意保険会社は、一括請求により自賠責保険で塡補される部分を支払った場合、自賠責保険に対し支払った保険金を求償することになる。

　対物賠償保険については、物的損害額が比較的少額な場合が多く、保険会社の免責額を下回る場合や、保険料が高くなることを回避したい場合には、保険を使用せず、加害者において自ら賠償する場合がある。

（3）労災保険

　交通事故が業務上や通勤中に発生した事案等、労災保険の適用がある場合は、労働基準監督署に保険金を請求することで、認定された範囲において人身損害が補償される。労災保険においては、政策的な観点から損害の補償とは別に支給される費目があり、損害から控除されない保険金を受給できる場合がある。自賠責保険・対人賠償保険と併用が可能であるが、重複する費目については二重払いにならないよう支給調整がなされる。

（4）被害者加入の保険

　交通事故によって負った傷病の治療においても、原則として健康保険の使用が可能であるが、労災事故は適用外である。

　人身傷害保険は、保険契約の基準にしたがい人身損害を塡補するが、他の保険と異なり、自らの過失部分についても支払がされる。

　車両保険は、契約で設定された保険金額の範囲内で、自身の物的損害を塡補するものである。迅速な支払が必要な場合や自身の過失部分が大きい場合に車両保険を使用することがある。

　弁護士費用特約は、任意保険契約にオプションとして付帯しており、損害賠償請求を弁護士に委任した場合に、これによって要した費用を負担する。

（5）使い分け

　被害者は、相手方加入の対人賠償保険と対物賠償保険に対し賠償（保険金の支払）を求めることになる。なお、労災の場合は労災保険の使用を検討する。相手方保険会社が対応しない場合、人身損害については自賠責保険に対して被害者請求を行い、物的損害については車両保険の使用を検討する。

　自身にも過失がある場合は人身傷害保険の使用を検討し、健康保険の使用により被害者自身が負担すべき治療費を抑えることを検討する。

（笹岡亮祐・杉原弘康）

3 離婚

　離婚も相談件数の多い分野であり、法テラスや弁護士会の相談所では必ずといってよいほどに担当することになる分野である。

　離婚に関する相談には、離婚原因（Q56）の有無のほか、親権（Q57）、養育費（Q58）、財産分与（Q59）、慰謝料（Q60）、婚姻費用（Q61）といったように多くの争点が含まれているため、これらの争点ごとに法律相談において聴取すべき事項を整理した。また、相談時に持参してもらえるとよい資料についても整理した（Q62）。

　そのうえで、離婚手続の前後で生じる問題として、同居中の配偶者との間で離婚を検討している場合（Q63）、相手方からDVを受けている場合（Q64）、収入等の問題から離婚を躊躇している場合（Q65）、相手方に無断で子を連れて別居する場合（Q66）、相手方が収入や資産を開示しない場合（Q67）、面会交流の調整や子の引率が必要な場合（Q68）を取り上げた。さらに、近時、相談が増えてきている夫婦の一方または双方が外国人の場合（Q69・Q70）についても設問を設けた。

　なお、離婚の相談においては、DV等により相談者が精神的に不安定になっている場合もあるので、相談者とのコミュニケーションのとり方にも注意が必要である（Q1参照）。

（狩倉博之）

Q56　離婚原因に関して聴くべきことは?

A　法定の離婚原因（民法770条1項各号）に該当する事実の有無及びそれらの事実を証明する証拠の有無を聴くべきである。また、依頼者の側に有責性が認められないかについても聴いておくとよい。

（1）離婚原因（民法770条1項各号）の有無

当事者間で離婚について合意ができない場合、最終的には訴訟手続によって離婚を求めることになる（人訴法2条1号）。その場合、離婚が認められるには法定の離婚原因の存在が必要であるため、離婚原因に関する事実を聴かなければならない。

例えば、実務上、問題となることが多い婚姻を継続し難い重大な事由（民法770条1項5号）を例とすると、婚姻関係の破綻を基礎付ける事実を聴く必要がある。主に聴くべきこととしては、別居の有無・期間、暴力といった相手方の不法行為の有無、不貞行為とまではいえない異性との交際の有無、浪費や借金といった相手方の生活態度等があげられる。

なお、「別居」が家庭内別居に過ぎない場合には、婚姻関係の破綻の立証が困難な場合があるため、注意が必要である。

（2）証拠の有無

相談者が離婚原因となる事実を主張したとしても、当該事実を証明する証拠がなければ離婚が認められないことになりかねない。そのため、証拠の有無についても聴いておく必要がある。

例えば、婚姻を継続し難い重大な事由に関する証拠としては、相手方の暴力であれば警察等の公的機関に相談したことの記録や怪我をした部位の写真等、脅迫やハラスメントであれば相手方からのメールや録音等が考えられる。

依頼を受けた時点では離婚原因に該当しない可能性を否定できない場合でも、調停手続において離婚の合意にいたる場合や別居期間が長期化することで婚姻関係の破綻が明確になる場合もある。相手方の対応や調停・訴訟手続

における見通しを踏まえ、相談者と十分に協議して、受任するか否かを決めるべきである。

（3）依頼者の有責性

相手方の側に離婚原因が存在する場合であっても、相談者の側にも有責性が認められる場合、離婚が制限されることがある（最判昭和62年９月２日民集41巻６号1423頁）。

法律相談の際には、相談者の側に有責性が認められないかについても確認しておきたい。 　　　　　　　　　　　　　　　　　　　　　（秋本佳宏・杉原弘康）

法律相談体験記 ⑥ 相談者が持参した大量の資料

相談者が多くの資料を持参し、その資料の精読を求められることがある。相談時間は限られているため、大量の資料を読むことに時間をかけると、相談内容を聴取し、回答をすることが難しくなってしまう。資料の精読に時間がかかることが予想される場合には、全ての資料の精読は時間内には困難であることを相談者に率直に伝えたうえで、相談者から相談内容の要旨を聴取し、必要な範囲で相談者から補充説明を受けつつ、資料を確認することが望ましい。

筆者の場合、相談時間の３分の１程度を費やしても読み切れない資料については上記の対応をとるようにしているが、各人の相談スタイルにもよると思うので、経験の中で自分の基準を培っていくとよいと思う。 　　　　　　　　（杉原弘康）

Q 57	親権に関して聴くべきことは?
A	従前の子の監護状況や子の意思等、親権者指定の判断要素に関する事実を聴くべきである。

　離婚する際には父母の一方を親権者として定めなければならない（民法819条1項・2項）。親権に争いがある場合には家庭裁判所が「子の福祉」の観点から親権者を定めるが、その際の主な判断要素として、以下の各事項が考慮されることが多い。

　①継続性の原則（これまで監護してきた親を優先すること）

　②子の意思の尊重（特に子の年齢が高い場合には重要視される）

　③兄弟姉妹不分離の原則

　④母親優先の原則

　上記①ないし④に関する事実に加え、子の福祉の観点から、以下の各事実は最低限聴いておく必要がある。

　⑤子の現在の監護状況（適切に監護がされているか）

　⑥監護状況に関する認識の相違（当事者間に認識の相違があるか）

　なお、主たる監護者であることを推認させる証拠の有無、具体的には保育園の連絡帳や通信簿等の有無を確認しておく。

　⑦父母の監護能力（心身の状況、経済力、補助者の有無等）

　もっとも、経済力に関しては養育費の支払により一定程度補塡されるため、決定的な要素というわけではない。

　⑧面会交流の許容性（相手方との面会交流を許容するか）

（秋本佳宏・杉原弘康）

Q 58 養育費に関して聴くべきことは?

A 養育費算定表を用いるために必要となる両親双方の年収について、その有無と額を聴いたうえで、算定表を修正すべき事情がないかを確認する。

（1）養育費算定表による算定

　実務上、養育費の算定には裁判官が作成した養育費算定表（裁判所のホームページに掲載されている）が用いられており、両親それぞれの年収額を算定表にあてはめることで算定されるので、まずは両親の年収の有無と額を聴取しなければならない。この点、給与所得者の年収は源泉徴収票記載の「支払金額」となり、自営業者の年収は確定申告書記載の「課税される所得金額」に「実際に支出していない費用（基礎控除額、青色申告控除額等）」を加算した金額となる。

　賃料等の不動産収入がある場合、不動産収入についても養育費算定の基礎収入となりうるが、当該不動産が両親の一方の特有財産であり、かつ、直接生計の資本とはなっていないといった事情がある場合には、養育費算定の基礎収入には含まれないとされる場合がある（東京高判昭和57年7月26日家裁月報35巻11号80頁）。

（2）収入額や養育費算定表を修正すべき事情の聴取

　収入額を聴取するにあたっては、相談者が源泉徴収票や確定申告書を持参していれば、それらを参照しつつ聴取を行い、持参していない場合には概算額を聴取し、それを前提とした養育費の概算額を試算する。事前に持参を指示できる場合には、これらの書類の持参を指示しておくとよい。

　両親の一方または双方が無収入の場合、合理的な理由なく仕事をしていないのであれば、賃金センサス等の金額により収入が擬制されることがある。仮に専業主婦であったとしても、子が乳幼児でない場合には、パートタイム程度の収入が擬制される場合がある。当事者の従前の職歴や保有資格によっ

離婚

て擬制される収入額が変動する場合もあるため、その点も聴取しておくべきであろう。仕事をしていない理由や可能な就労の程度等を聴いておくとともに、離婚後に予想される当事者の生活環境についても聴いておくべきである。

　なお、次の各場合には養育費算定表をそのまま適用すると不都合が生じることがあるため、算定表によることが適当ではないことを基礎付ける事実を聴いておく。

　例えば、子が私立学校や進学塾に通っている場合、算定表は公立学校を前提とした教育費を踏まえて作成されており、修正が必要であるので、私立学校や進学塾への通学の有無を確認する。また、算定表は標準的な金額の範囲の医療費を前提としているので、それを超える医療費の支出がないかを確認しておく。

（秋本佳宏・杉原弘康）

法律相談体験記 ⑦　街かど相談会

　弁護士会のイベントなどで、駅前や商業施設といった公衆が行き交う場所での相談会（街かど相談会）を行うことがある。予約制ではなく、先着順に通りすがりの方の相談に対応するという形式が多い。

　筆者は、初めて街かど相談会に参加したとき、通りすがりで法律相談に来る人など滅多にいないのではないかと思っていた。ところが、蓋を開けてみると次から次へと相談者がやってくることが少なくなかった。気がかりなことがあるものの相談までは行けずにいたという相談者が多いためか、一般論や次のステップを簡単に示すだけでも大変喜んでもらえることが多い。相談者あるいは社会の役に立っているという実感を持ちやすく、お勧めのイベントである。

　なお、暑い季節の街かど相談会は軽装がよいと思う。打ち上げの一杯が至福であることは言うまでもない。

（中野智仁）

Q 59 財産分与に関して聴くべきことは?

A 別居時点における夫婦の財産の内容と現時点での概算額を聴き、夫婦の一方の特有財産になるものを確認しておくようにする。

(1)財産分与の対象となる財産

　原則として、夫婦がその協力によって得た財産のうち、別居時に存在している財産が分与の対象となる（民法768条3項）。夫婦の一方が婚姻前から有する財産及び婚姻中に自己の名で得た財産（相続によって得た財産等）は、特有財産（同法762条1項）として、財産分与の対象とはならない。

(2)法律相談の際に聴くべき具体的事項

　法律相談では、別居時に存在した財産（不動産、預貯金、自動車、保険、株式、住宅ローンその他の負債等）の内容と概算額、相談者または相手方の特有財産となるものを聴く必要がある。財産の評価の基準時は離婚時と考えられているため、相談時点の概算額を聴くようにする。

　相手方の財産については、同居中のほうが把握しやすく、別居後に調べることには限界があるため、同居している時点で相談を受けたときは、別居前に可能な限り相手方の財産を把握しておき、証拠となる資料を確保しておくよう助言する。別居後に相談を受けた場合には、相手方が財産を開示せず、財産の調査が困難となる場合があるが、弁護士法23条の2に基づく照会を利用したり、調停・訴訟手続において調査嘱託を利用したりするなどして調査することが考えられる。

　なお、離婚することで一方の配偶者が困窮するおそれがある場合には、扶養的財産分与が認められる可能性があるため、双方の資産の状況や予測される今後の収入等も聴取しておくべきである。　　　　　　（秋本佳宏・杉原弘康）

離婚

慰謝料に関して聴くべきことは?

A ①婚姻期間、②当事者の有責性の有無と程度、③未成熟子の有無、④当事者の資産・収入といった慰謝料算定の考慮要素に関係する事実を聴くべきである。特に、離婚の原因となる相手方の有責性を基礎づける事実とそれを証明する証拠の有無については、十分に確認しておく必要がある。

(1)離婚慰謝料の考慮要素

　離婚慰謝料の算定にあたり主として考慮要素となるのは、①婚姻期間、②当事者の有責性の有無と程度、③未成熟子の有無、④当事者の資産・収入等である。各要素に関係する事実を聴いたうえで、事実を証明できる資料の有無を確認しておく。

(2)有責性の有無と程度

　上記の要素のうち、②の有責性については、その有無と程度が当事者間で争いになる可能性が高いため、詳しく事情を聴く必要がある。代表的な有責性のある行為としては、不貞行為や暴力といった不法行為があげられる。不貞行為の場合には、不貞行為の相手方、不貞の回数・期間等の事実、暴力の場合には、その事実と程度、相談者の受傷の有無と程度等の事実について、証明できる証拠があるかを確認する必要がある。

　なお、相手方のみでなく、相談者の側に有責性がなかったかについても、可能な範囲で確認しておくとよい。ただし、初期の相談時点では、相談者が疑われているとの認識を持つ可能性があるので、無理をして聴くようなことは控えるべきであろう。

（秋本佳宏・杉原弘康）

婚姻費用に関して聴くべきことは?

A 婚姻費用算定表を利用するうえで必要となる夫婦双方の年収額を聴取する。そのうえで、算定額を修正することになる可能性のある住宅ローンの負担に関して、負担の有無と負担者・居住者を確認する。また、遡って多額の支払を要する場合があるので、義務者の支払能力についても確認しておくとよい。

(1)住宅ローンの考慮

　婚姻費用の算定においても養育費と同様に婚姻費用算定表(裁判所のホームページに掲載されている)が用いられており、夫婦の年収額を算定表にあてはめることで算定されている。まずは、夫婦それぞれの年収額を聴取する必要がある。

　住宅ローンの負担により算定表に基づく算定が修正されることがある。

　①残ローンのある住宅の居住者が婚姻費用分担の権利者で、ローンの支払を婚姻費用の分担義務者が行っている場合、権利者は住居費用の負担がない一方で、義務者は自らの住居費用に加え権利者の住居費用も負担しているため、義務者の負担する婚姻費用の分担額は、算定表に基づいて算定される金額よりも減額される可能性がある。

　これに対し、②居住者が義務者で、権利者がローンの支払を行っている場合、権利者はローンの負担をしながら自身の住居費用も負担しなければならないので、婚姻費用の分担額が増額される可能性がある。相談時には、住宅ローンの有無と負担者、住居の居住者を確認しておく必要がある。

　婚姻費用算定表の年収の考え方や算定表の基準を修正すべき事情については、Q58の養育費の場合も参照されたい。

(2)婚姻費用分担の始期

　いつの時点から婚姻費用を支払う必要があるかについて、審判手続では請求時とされることが多い(東京高決平成28年9月14日判タ1436号113頁)。婚姻

離婚

費用分担の請求後、分担額が決まるまでには相当の期間を要することがあるため、決定後、義務者が遡って支払う金額が多額となる場合が少なくない。その場合、婚姻費用分担額が決定された際に既発生の婚姻費用を一時期に支払わなければならなくなるため、義務者の支払能力の有無・程度を確認しておくべきである。

　なお、有責配偶者からの婚姻費用分担請求については、信義則に反するとして支払義務がないとされるか、一定程度減額される可能性があるため、初回相談時に当事者の有責性についても確認しておくとよい。

（秋本佳宏・杉原弘康）

法律相談体験記 8　他士業との合同相談

　他士業との合同相談として、企業の破産・再生について税理士と相談を行う場合や、建築問題について建築士と相談を行う場合等がある。弁護士会のイベントとして合同相談会を行うこともある。

　若手弁護士としては、他士業の方が年長者ということも多く、役割分担について迷うことがあるかもしれない。個人的には、対外的な手続（訴訟・交渉・各種申立て）を弁護士が担当する以上は、基本的なヒアリングは弁護士が主導して行うのが効率的だと思う。その中で他士業の専門分野に話が及んだ際には、他士業に意見や説明をお願いしたり、進行役を代わってもらったりするとスムーズである。最終的には弁護士が対外的な説明を行うことになるので、不明点があれば、素直に、敬意をもって他士業に質問し、よく教えてもらうとよい。究極的には、これが相談者の利益に繋がるはずである。

（中野智仁）

Q 62 相談時に持参してもらうべき資料は?

A 家族関係等に関する資料として戸籍謄本等を、収入・財産関係に関する資料として源泉徴収票、確定申告書、不動産登記事項証明書、預貯金通帳等を持参してもらえるとよい。

　婚姻の開始時期と子の有無・人数等の家族関係を確認する資料として、戸籍謄本等を持参してもらうべきである。

　また、婚姻費用と養育費の算定のための資料として、相談者と相手方の直近の源泉徴収票や給与明細書、確定申告書が必要となる。財産分与及び慰謝料の関係では、分与額の算定ないしは慰謝料の考慮要素に関するものとして、不動産の登記事項証明書、預貯金通帳、株式その他の有価証券の取引残高報告書、自動車の車検証といった資料を持参してもらうべきである。

　さらに、離婚原因や親権者の指定に関する資料として、相手方の不貞や暴力等を証明する証拠資料や相談者と子が同居していることを示す住民票等を持参してもらうとよい。

　離婚に関して検討を要する事項は多岐にわたるため、婚姻日前後から現在までの主な事情について、相談者において、時系列に基づいた経過に関する簡単なメモを作成し、持参してもらえると相談の充実に資する。

（秋本佳宏・杉原弘康）

離婚

Q63 相談者が配偶者と同居している場合の注意点は?

A 離婚の相談をしていることを相手方配偶者に知られないよう、法律相談の方法や連絡の取り方に注意が必要である。また、安心して離婚の手続を進められるよう、可能であれば別居したうえで手続を進めることが望ましいが、別居後の生活費の確保の可否等によることになる。

ただし、相手方の暴力により生命・身体に危険がある場合には、速やかに別居することを躊躇しないよう助言すべきである。

(1) 相談を受ける際の留意点

相談者が配偶者と同居している場合、相手方である配偶者に弁護士に相談していることがわかってしまうと、当事者間でトラブルとなる可能性がある。相談者と電話連絡をとる際には、相手方が同席していない時間帯にするようにし、固定電話には電話をしないといった配慮が必要である。

電話相談の場合には特に注意が必要で、相談者の側から、相手方のいない場所で電話をしてもらうようにすべきである。

(2) 同居しながら離婚手続を進めることによるデメリット

相手方と同居しながら離婚手続を進めることは不可能ではないが、交渉や調停手続等が開始された後も自宅で相手方と顔を合わせることになり、相手方から嫌がらせを受け、身体や生命の危険が生じることすらないとはいえない。依頼者が萎縮し、主張すべきことを十分に主張できないといったことになる可能性もある。また、別居の事実は婚姻関係の破綻を示す重要な事実であることから、同居していることを理由に婚姻関係の破綻が否定されることもありうる。

これらのデメリットを考えると、可能であれば別居したうえで離婚の手続を進められるとよい。

（3）別居の際の注意点

　別居により相手方から生活費の支払を受けられなくなり、経済的に厳しい状況におかれることがある。法的には婚姻費用を請求できるが、相手方において何かと理由を付け、また、理由なく、婚姻費用の分担を行わない場合には、裁判所における手続で婚姻費用の分担が決まるまでに相応の時間を要することになる。

　別居するにあたっては、別居後の生活費の確保を検討しておくべきで、実家等の親族を頼ることができる場合には実家の援助を受け、頼ることができない場合には当座の資金を準備しておいたり、別居後に収入を得られるようにしておいたりするといった準備が必要となる。生活保護その他利用できる公的扶助に関し、あらかじめ管轄の役所に相談するなどして、別居後も最低限の生活費を得られるようにしておく必要がある。

　ただし、相手方から暴力を受けているといった場合には、警察等に相談したうえで、速やかに保護施設等に避難することを躊躇しないようにと助言すべきである。

（秋本佳宏・杉原弘康）

離婚

Q64　配偶者から暴力を受けている場合、どう助言すべき?

A　相談者の安全確保が最優先の課題となる。一時保護施設（シェルター）等への避難と保護命令の申立てについて助言する。相談者が、相手方に対し、強い恐怖心を抱いていることに配慮することが求められる。なお、相談者の住所を秘匿する方策についても助言するようにする。

　配偶者から暴力を受けている場合、まずは早急に依頼者本人の安全を確保する必要がある。配偶者暴力支援センター、警察、婦人相談所等を通じて、一時保護施設（シェルター）に避難することや、DV防止法に基づく保護命令の申立てにより安全を確保できるようにすることについて、アドバイスするべきである。

　依頼者が怪我をしている場合には、直ちに病院を受診するよう勧め、適切な治療を受けさせるとともに、保護命令や将来の離婚の手続における証拠を確保させるようにする。

　なお、DV被害者は相手方に対する強い恐怖心から、保護命令や離婚の手続を進めることを躊躇することがあるので、相談者の話をよく聴き、その精神面に十分に配慮しながら、生命・身体の安全を守るために手続を進めることが必要であることを理解してもらう必要がある。

　以上により相談者の安全が確保できた場合には、行政その他の支援機関の支援を受け、生活の基盤を整えることに努めるよう助言し、そのうえで離婚手続を進めていくようにする。引き続き安全が確保できるよう、役所に申し出て住民票の閲覧制限をかけることを検討し、調停・訴訟等の申立てにあたっては別居前の住所を記載したり、相手方に知られたくない情報がある場合には非開示の申出や当事者間秘匿制度を利用したりするなどして、住所等を秘匿するといった配慮をする必要がある。　　　　　　　　（秋本佳宏・杉原弘康）

<table>
<tr><td>Q
65</td><td>相談者が金銭や転居先の問題で離婚を躊躇していたら？</td></tr>
<tr><td>A</td><td>相手方に対して婚姻費用や養育費・財産分与・年金分割等を請求しうること、生活保護や児童手当・児童扶養手当、就学支援制度・就学支援金等の公的給付の制度があること、DVを受けており避難を要する事情がある場合には、シェルターや母子生活支援施設等の利用が考えられること等をアドバイスするべきである。</td></tr>
</table>

収入や預貯金がないこと、頼れる親族が身近におらず転居先の確保の目途が立たないこと、さらには、DVにより生命・身体に危険が生じていること等から、離婚やその前提としての別居を躊躇する相談者が少なくない。

婚姻費用の請求や生活保護の申請等を行うことにより、最低限の生活を維持するための費用は確保が可能であること、離婚後も養育費や児童手当・児童扶養手当、就学支援制度や就学支援金の制度等、子育てに関する支援が受けられること、緊急の場合の住居確保の手段があること等を説明する。

そして、それらの相談先・申請先等を伝え、経済的な理由から躊躇することなく、相談者が避難や別居、離婚を検討・決断できるよう助言することが望ましい。

（和田祐輔・重野裕子）

離婚

<table>
<tr><td>**Q 66**</td><td>配偶者に黙って、子を連れて別居してもよいか?</td></tr>
</table>

A	配偶者との従前の協議状況、黙って別居せざるを得ない事情、従前の主な監護者、推測される子の意向などを聴取したうえで、子を連れて別居した場合のリスク（違法な連れ去りや未成年者略取誘拐罪に該当すると主張される可能性等）と子を置いて別居した場合のリスク（子の引き渡しを求める手続をとる必要があること、非監護親に対して親権や子の引渡しが認められるとは限らないこと、それらの手続には一定の時間がかかること等）を説明するにとどめ、判断は相談者に委ねることが無難である。

子を連れての別居は、状況によっては違法な連れ去りに該当する場合があるため、弁護士が積極的に促すことは望ましくない。

子を置いて別居した場合、住み慣れた環境において親権者の一方による監護が継続されていることになるため、別居後の生活状況に問題がない限り、非監護親からの子の引渡しや親権の請求が認められない可能性がある。そのため、心身の安全等を考慮して配偶者に告げずに別居せざるを得ない場合に、今後の親権等を考え、子が嫌がる様子もないことから、配偶者に黙って子を連れて別居するケースは多い。

子を連れて別居するか否か、それぞれの場合のリスクやその後の法的手続を説明し、相談者が自身で検討・判断するための要素を示したうえで、判断は相談者に委ねることが無難である。　　　　　（渡邊泰孝・重野裕子）

Q67 養育費等を請求したいが、夫が給与等の額を明かさなかったら?

A 調停を申し立てて任意の開示を求め、開示されない場合には調査嘱託を申し立てる。養育費については、相手方が資料を開示しない場合、最終的には賃金センサス等により養育費を算出することが可能である。

調停成立や判決確定後も相手方が養育費や財産分与金を支払わない場合には、相手方の給与や退職金を差し押さえること、裁判所等を通じた預貯金等の調査により財産を調査し、強制執行を行うことが考えられる。

事前の交渉では給与や預貯金に関する資料の提供を受けられなかった場合、夫婦関係調整調停を申し立て、調停委員を介して任意の提出を促し、それでも開示されない場合には調査嘱託(家事法62条・258条1項)を申し立て、あるいは調停を不成立にしたうえで訴訟を提起して、訴訟において調査嘱託を申し立てることが考えられる。相手方が不存在と主張する資料について調査嘱託を求める場合には、存在すると考える根拠を示す必要がある。同居中に可能な限り資料を収集しておくことが望ましい。

養育費については、別の年度の相手方の収入に関する資料がある場合には、それをもとに相手方の収入を推定して算出する場合がある。相手方の収入に関する資料が全くない場合でも、賃金センサス等による平均賃金により養育費を算出することができる。

調停成立あるいは判決確定の後も相手方が支払わない場合には、給与等を差し押さえることを検討する。差し押さえるべき財産が明らかでない場合には、裁判所等を通じて預貯金等の存在を調査する、財産開示手続により財産を調査するなどしたうえで、強制執行を行うことが考えられる。

(渡邊泰孝・重野裕子)

Q 68 面会交流で、元配偶者と関わりたくなかったら？

A 親族に連絡調整や引率を依頼することや、面会交流の支援を行う機関を利用する方法がある。

相談者あるいは相手方の各親族に連絡調整や引率を依頼することが考えられる。この方法による場合、費用負担が生じず、慣れた親族が付き添うため子にとって精神的負担が少ないというメリットがある。

頼ることができる親族がいない場合には、面会交流を支援する機関を利用する方法がある。法務省のホームページに面会交流支援団体の一覧が掲載されている（https://www.moj.go.jp/MINJI/minji07_00286）ので、利用を希望する地域や支援内容に応じて団体を選択するとよい。

ただし、一定の費用を支払う必要があるため、経済的負担が生じる。

自治体によっては、支援期間中は無料で利用可能な独自の面会交流支援事業を実施しているところもあるが、いまだ多いとはいえない。

（渡邊泰孝・重野裕子）

配偶者が外国人だったら?

A 離婚手続の国際裁判管轄や準拠法を確認する必要がある。国際裁判管轄が日本にあり、準拠法も日本法の場合には、離婚の法的手続は日本人同士の離婚と変わらず、配慮を要することといえば、言葉や文化、家族観の違い等となる。

外国にいる配偶者に対して訴訟提起する場合には、外国における送達を要し、費用や時間がかかるほか、送達する書類を翻訳する必要がある。

協議離婚の届出が日本の役所で受け付けられたとしても、日本での離婚の効力が外国でも有効となるとは限らず、各国の定めによる。

離婚

(1)国際裁判管轄

離婚訴訟の国際裁判管轄に関して、人訴法3条の2が新設され、平成31年4月1日に施行されており、離婚訴訟について日本の裁判所に国際裁判管轄が認められる場合が次のとおり列記された。

①被告の住所が日本国内にあるとき（同条1号）

②原告と被告が日本国籍を有するとき（同条5号）

③日本国内に住所のある当事者が訴訟提起する場合で、夫婦が最後に居住していた住所が日本国内であるとき（同条6号）

④上記のほか、日本の裁判所が審理及び裁判をすることが当事者の衡平を図り、または、適正かつ迅速な審理の実現を確保することとなる特別の事情があると認められるとき（同条7号）

なお、離婚調停の国際裁判管轄は、家事法3条の13第1項1号には、訴訟において日本の裁判所に国際裁判管轄があるときは、調停においても有する旨の規定がある。

（2）準拠法

　通則法27条本文が準用する同法25条において、離婚に関する準拠法については次のとおり定められている。

　①夫婦の本国法が同一であるときは、その同一本国法

　②同一本国法がない場合において夫婦の常居所地法が同一であるときは、その同一常居所地法

　③同一本国法も同一常居所地法もないときは、夫婦に最も密接な関係がある地の法

（3）訴訟提起における注意点

　配偶者が外国にいる場合には、外国における送達手続が必要となる（民訴法108条）。送達の方法は、条約の有無などにより、送達先の国ごとに根拠規定が異なるが、日本語を解することが明らかな者に対して領事送達を行う場合以外は、送達すべき文書の翻訳文の添付を要し、翻訳のための費用がかかる。また、送達先の国や送達方法にもよるが、送達までに数か月から1年程度を要する場合もある。

（4）外国における日本での離婚の効力

　日本での協議離婚、調停離婚及び裁判離婚の効力が外国においても認められるか否かは、各国における定めによるため、個別に確認する必要がある。協議離婚を認めている国は少なく、裁判離婚しか認めない国が多い。

（和田祐輔・重野裕子）

外国人から離婚の相談を受けたら？

A 言葉、文化及び家族観の違いなどのほか、在留資格を日本人の配偶者として在留している場合には、離婚成立後の出入国在留管理庁への届出や在留資格の変更について助言する必要がある。

　日本人と結婚して日本に居住している外国人の場合、「日本人の配偶者等」の在留資格により在留していることが多いが、離婚が成立すると在留資格の前提となる身分関係がなくなるため、14日以内に出入国在留管理庁に届出を行う必要がある（入管法19条の16第3号）。

　離婚後も日本に居住し続ける場合には、在留資格の変更が必要となる。日本国籍を持つ子どもの親権が監護権をもって実際に養育していたり、日本での滞在が長期間に及んでいたりするなど、日本での定着度が高い場合には、定住者の在留資格への変更が認められるが、定住者と認められない場合には他の在留資格（例えば外国語の講師等、専門的技術的分野の就労系資格等）への変更を検討する必要がある。

　なお、離婚の手続についてはQ69に記載した違いに留意が必要である。また、言語の違いにより打合せや尋問の際に通訳の同席を要することもあるため、受任する場合には、通訳費用の負担が生じることについても説明する必要がある。

（和田祐輔・重野裕子）

離婚

4 相続

　高齢社会の進展により相続や遺言に関する関心が高まるとともに、価値観の多様化・権利意識の向上により遺産分割その他の相続に関する紛争が増加している。また、近時、相続分野における重要な改正が続いたことから、利用者の関心はさらに高まり、相続に関する相談は今後も増えていくことが予想される。以下では、相続に関する相談について、遺産分割と遺言に分けて、法律相談にあたり最低限押さえておくべきと思われる事項と相談の場で聴かれることが多い事項を取り上げる。

　遺産分割に関しては、相談において聴くべきこと（Q71）、持参・確認が必要な資料（Q72）、遺産分割の対象となる遺産の調査方法（Q73）を整理したうえで、遺産分割の実務において対応に困ることの多い、相続人の一部に判断能力を欠く者がいる場合（Q74）、連絡がとれない者がいる場合（Q75）、外国に居住している者がいる場合（Q76）、被相続人の死亡後に死亡した相続人がおり二次相続が開始されている場合（Q77）について取り上げる。また、遺産分割事件において、複数の相続人を代理することの可否（Q78）についても取り上げる。

　遺言に関しては、相談で聴くべきこと（Q79）、自筆証書遺言と公正証書遺言の使い分け（Q80）、親の遺言作成に関して子が親を連れて相談に来た場合の注意点（Q81）を取り上げる。

　以上に加え、相続に関する法律相談で聴かれることが少なくない相続税に関する質問への対応（Q82）と被相続人の死亡から長期間が経過した後の相続放棄の可否（Q83）についても取り上げている。　　　　　　　　　　（狩倉博之）

遺産分割の相談で聴くべきことは？

A ①親族関係、②遺産の内容、③各遺産の概算額、④生前贈与の有無・額、⑤遺産分割についての相談者の希望とそれに対する他の相続人の意向等を聴く。また、前提として、遺言書の有無を確認しておく。

（1）相続人と遺産の範囲・概算額

相続人と遺産を把握する必要がある。

被相続人の死亡日を確認したうえで、親族関係を聴取し、相続人を確定する。その際、相続人中に判断能力を欠く者がいないか、所在不明の者がいないかも確認しておくとよい。

遺産については、不動産や預貯金、株式等の資産を確認し、借入金等の負債についても確認しておく。また、それぞれの概算額についても確認しておくようにする。

（2）生前贈与の有無や額

被相続人からの生前贈与は特別受益に該当する場合があり、相続財産に持ち戻したうえで、具体的相続分を算定しなければならない場合がある（民法903条）。

そのため、被相続人から生前贈与を受けた者がいないかと生前贈与の額を確認しておく必要がある。

なお、特別受益にあたるか否かは当該贈与が遺産の前渡しとみられるか否かにより判断されるため、贈与の理由や具体的な使途も聴いておくとよい。

（3）相談者の希望と他の相続人の意向

相談者が取得を希望する財産や希望する遺産の分け方を確認し、他の相続人の意向がわかれば、他の相続人の遺産分割に対する意向も聴いておく。

相続

（4）遺言の有無

　有効な遺言がある場合には、遺言により遺産の全部または一部の分割方法が指定されていることが通常であり、遺言により分割方法が指定された遺産は遺産分割の対象とはならないので、遺言の有無と遺言者の判断能力といった遺言の有効性に関わる事実を聴取する。

（小川拓哉・狩倉博之）

法律相談体験記 ⑨　事務所外の相談での利益相反

　事務所における法律相談では、過去の依頼者・相手方のデータと照らし合わせるなどして、あらかじめ利益相反を防止する余地がある。他方、事務所外での法律相談では、あらかじめ相談者と相談の詳細を確認することが難しい場合があり、利益相反対策に苦慮することがある。

　筆者は、とある事務所外での相談で、1枠目の相談者と3枠目の相談者が同一事案の対立当事者であったことがある。幸い、3枠目の相談の冒頭で利益相反であることに気づき、即座に相談を中止し、同時間に同じく相談を担当していた別の弁護士に交代してもらうことができたが、相手方が先に相談に来ていたという事実を伝えることは守秘義務上問題があるため、どうして相談を担当することができないのかという点について、相談者への伝え方に苦慮した経験がある。

　このような利益相反に遭遇した場合、法律相談の運営者とも協議して、適切な対応方法を探っていくのがよいと思う。

（杉原弘康）

遺産分割の相談で持参してもらうべき資料は?

A 親族関係や遺産に関係すると思われる資料で、相談者の手元にあるものを持参してもらう。相談者と被相続人の戸籍謄本と戸籍の附票(ないしは住民票)や不動産の登記事項証明書、預貯金通帳等はできる限り持参してもらうべきである。遺言がある場合には、遺言書も持参してもらう。

　Q71で解説した法律相談において聴くべき内容を客観的に裏付ける資料を持参してもらえると、事実関係の正確な把握に資する。もっとも、相談者は、相談における必要書類を含めて、わからないことがあるから相談に来るのであって、相談者に過度な負担を課すことは、相談のハードルを高くしてしまいかねない。遺産分割に関する事実関係は複雑な場合が少なくなく、必要となる資料は事実関係を確認しながら準備を指示することが適当な場合も少なくない。相談時に持参を依頼するとしても、相談者の手元にあるか、取り寄せに過度な負担がかからない資料に限るべきである。

　以上を前提として、持参をお願いする資料としては、相続人を把握するための①戸籍謄本等、少なくとも相談者及び被相続人の戸籍謄本とその附票(ないしは住民票)があげられる。また、遺産を特定する資料のうち、相談者が保有ないしは比較的容易に取得できる②不動産の登記事項証明書、③預貯金通帳、④株式その他の有価証券の取引残高報告書、⑤自動車の車検証等は、可能な限り持参してもらうとよい。税理士により相続税の申告書ないしは申告のための財産目録が作成されている場合には、遺産の全体を把握することに役に立つので、ある場合には持参してもらいたい。

　なお、遺言により分割方法が指定されている財産は遺産分割の対象とはならないので、その確認のため、遺言書は持参してもらうようにする。

(小川拓哉・狩倉博之)

相続

Q 73	遺産はどう調査する?

| A | ①不動産については登記事項証明書と評価証明書等、②預貯金については預貯金通帳や残高証明書等、③株式等の有価証券については取引残高報告書等、④自動車については車検証等により、その存在と内容・評価額を調査する。
負債についても、督促状や借用書等により、その存在と残額を調査しておくようにする。 |

(1) 不動産

　被相続人の住所地その他被相続人が関係しそうな地域の市区町村から名寄帳を取得し、固定資産税が課税されている不動産を確認し、不動産登記事項証明書を取得して確認する。

　また、公図を取り寄せ、通路等の有無を確認し、固定資産税が課税されていない不動産がないかを確認する。

(2) 預貯金

　預貯金通帳があればそれにより、ない場合や未記帳部分がある場合には金融機関から残高証明書と取引明細書を取り寄せることにより、預貯金残高と死亡前後の入出金を確認する。

(3) 有価証券

　株式等の有価証券については、証券会社から定期的に送付されてくる取引残高報告書を確認する。

　また、預貯金通帳上の配当金振込の記帳により、株式の存在が判明することがある。

（4）自動車

車検証で所有者や所有権留保の有無を確認する。車両の存在が確認できないにもかかわらず自動車税の納税通知書が送られてきているときは、自動車登録事項証明書を取り寄せ、自動車の有無を確認する。

（5）動産

貴金属等の有価物がある場合には、相談者に鑑定書の有無等を確認し、業者に査定を依頼する。

（6）負債

金融機関や貸金業者等からの督促状が送られてきていないか、預貯金通帳に返済の記帳がないかを確認し、債権者である可能性のある金融機関・貸金業者等に負債の有無・額と借入・返済の履歴を照会する。

その他、個人からの借用書がないかを相談者に確認し、事業者の場合にはリース債務や取引先に対する買掛金債務がないかを聴取し、取引先等に照会する。

（小川拓哉・狩倉博之）

相続

認知症で判断能力がない相続人がいたら?

A 相続人の一部に判断能力を欠く者がいる場合、そのままでは遺産分割が成立しても無効となってしまうので、家庭裁判所で同人に成年後見人を選任してもらい、成年後見人との間で遺産分割を成立させる必要がある。

(1)成年後見人選任の必要性

遺産分割も法律行為である以上、相続人が認知症で判断能力がない状態で成立した遺産分割は無効である（民法3条の2）。

相続人の中に判断能力を欠く者がいる場合に遺産分割を行うためには、家庭裁判所により判断能力を欠く相続人に成年後見人を選任してもらう必要がある。成年後見人選任の申立ては配偶者または四親等内の親族が行うことができるが（民法7条）、裁判所所定の書式による診断書の添付が必要となるため、判断能力がない相続人の監護にあたっている親族でないと同診断書を取得することは困難であり、同親族による申立てないしは申立てへの協力が必要となる。

申立人となる親族がいない場合には、市区町村長による申立て（老人福祉法32条）を検討することになる。

(2)成年後見人が選任されない場合

後見開始の申立てにあたっては必要となる書類が多く、時間と手間を要すること、成年後見人には裁判所への定期報告等の負担があること、遺産分割が成立した後も本人の判断能力が回復しない限りは後見事務が継続すること等から、これらの負担を懸念し、親族が申立てに協力してくれない場合がある。

このような場合、相続人の中に判断能力を欠く者がいること、親族による申立てがなされないことを付記したうえで、家庭裁判所に遺産分割調停ないしは審判の申立てを行い、裁判所を通じて選任を促してもらうことが考えら

れる。それでもなお申立てがなされない場合には、家庭裁判所と協議のうえ、特別代理人の選任（家事法19条1項）を検討することになる。

（3）遺産分割の内容

　成年後見人は本人に対して善管注意義務を負い（民法869条・644条）、家庭裁判所の監督に服することから、成年後見人は、法律上、本人が得られるはずの遺産を確保しなければならない。成年後見人が選任された相続人に対しては、少なくとも法定相続分に相当する額以上の遺産を取得させなければならなくなることが一般的である。

（小川拓哉・狩倉博之）

相続

法律相談体験記 10　依頼者に経済的には利益のない依頼

　相談者が求める経済的利益よりも弁護士費用が多額となることが見込まれる件について、受任を求められることがある。

　弁護士は依頼者の利益の実現を図る立場にある以上、弁護士費用のほうが多額であることが見込まれる場合、受任については消極的な立場であるべきであろう。しかし、経済的にマイナスが出てしまっても、弁護士に依頼することで依頼者に無形の利益が生じる場合もある。筆者が経験した事例では、訪問販売被害に度々遭っている高齢者の方が、3万円で購入してしまった物品について代金の返還を求めたいという事案であったが、相談者としては3万円よりも高額な費用がかかったとしても、問題が生じれば弁護士に依頼するということを示す意味で、今後の被害を防止するという無形の利益を得られうる事案であった。

　このような無形の利益を想定しうる事案においては、受任に過度に消極的になる必要はないと考える。

（杉原弘康）

Q75 連絡のとれない相続人がいたら?

A 住所を調査したうえで、同所に書留郵便を送り、当該相続人からの連絡を待つ。書留郵便が届かなかった場合には、不在者財産管理人の選任を検討し、書留郵便は届いたものの連絡がない場合には、遺産分割調停の申立てを検討する。

(1)住所の調査

連絡のとれない相続人の戸籍の附票(ないしは住民票。以下同じ。)を取り寄せ、判明した住所に手紙を送り、連絡するように依頼する。配達の有無を確認できるよう、書留郵便で発送するのがよい。

(2)不在者財産管理人の選任

調査した住所宛に発送した手紙が、「あて所に尋ねあたりません」として戻ってきた場合、同所まで赴くなどして、当該相続人が戸籍の附票記載の住所に居住しているか否かを確認する。

同住所に相続人が居住しておらず、所在がわからない場合、同相続人は「不在者」(民法25条1項)に該当しうるので、家庭裁判所に不在者財産管理人の選任を申し立て、選任された不在者財産管理人との間で遺産分割を進めることを検討する。

不在者財産管理人の申立権者は利害関係人または検察官であり(民法25条1項)、遺産分割の当事者である他の相続人は同項の「利害関係人」に該当し、申立権者となる。

不在者財産管理人の権限は、原則として民法103条に定める保存行為、利用行為及び改良行為にとどまり(同法28条)、権限外の行為を行うには選任した裁判所の許可が必要となる(同条)。

遺産分割は不在者財産管理人の権限外の行為であり、家庭裁判所の許可が必要となるところ、不在者である相続人が取得する遺産が同人の法定相続分を下回る場合、合理的な理由がない限りは許可を得ることができないため、

不在者には法定相続分に相当する額以上の遺産を取得させることが必要となることが一般的である。

（3）遺産分割調停・審判

　連絡がとれない相続人に手紙が配達されたにもかかわらず、当該相続人から連絡がなく、何度か手紙を送っても同様である場合、協議により遺産分割を成立させることは困難である。

　その場合、家庭裁判所に遺産分割調停を申し立てるほかはない。裁判所からの呼出により調停手続に出頭する可能性があり、出頭するか裁判所に連絡があるかすれば、調停手続により遺産分割が成立する可能性がある。

　裁判所から呼出状が送られてもなお出頭せず、裁判所に連絡がない場合には、調停は不成立となり、審判手続に移行し、遺産分割審判により遺産を分割するほかはないことになる。　　　　　　　　　　　（小川拓哉・狩倉博之）

相続

相続人が外国に住んでいたら?

A 郵便や電話、メール等により協議がまとまった場合には、遺産分割協議書を作成し、外国居住の相続人には署名証明書を取得し、添付してもらうことで、遺産分割協議を成立させることができる。協議がまとまらない場合、家庭裁判所に遺産分割調停を申し立てることになるが、書類の郵送・送達の問題があり、外国居住の相続人が来日して調停に出頭してくれない場合、調停を成立させることは困難である。

(1)遺産分割協議の方法

　相続人が外国にいるような場合であっても、遺産分割は同相続人を含めた相続人全員で行う必要がある。郵便や電話、メール等で連絡を取り合い、同相続人を含めた相続人全員との間で協議がまとまれば、協議により遺産分割を成立させることができる。

　遺産分割協議が成立した場合、遺産分割協議書に署名・押印するとともに、不動産登記手続等のために相続人の印鑑登録証明書を添付することが通常である。相続人が外国に居住している場合、印鑑登録証明書を取得することができないため、印鑑登録証明書にかわるものとして、同相続人に署名証明書（サイン証明書）を取得してもらい、遺産分割協議書に添付してもらうことになる。署名証明書は、居住する国の日本の在外公館（大使館、総領事館）に申請し、発給を受けることができる。

(2)遺産分割調停による場合

　遺産分割協議が成立しなかった場合、家庭裁判所に遺産分割調停を申し立てることになる。調停を申し立てると呼出状が相続人に送達される（家事法36条）が、外国への裁判書類の送達は当該国の日本大使館や総領事館等を通じて行うことになり、相当程度の期間を要する。

　外国居住の相続人が来日して期日に出頭してくれない場合、電話会議シス

テム（家事法258条1項・54条1項）の利用は現実的ではなく、不出頭により調停不成立となる可能性がある。調停外で外国にいる相続人から調停条項案に同意を得ることができた場合には、書面による受諾（家事法270条1項）により調停を成立させること、ないしは、調停に代わる審判（家事法284条）によることが考えられるが、外国への書類の郵送・送達との関係で、家庭裁判所との事前の打合せが不可欠である。　　　　　　　　　　（小川拓哉・狩倉博之）

法律相談体験記 11　弁護士費用の工面が難しい場合

　相談者の中には収入が少なかったり、預貯金がほとんどなかったりして、弁護士に依頼するための着手金を準備することが難しい方もいる。その場合、着手金を分割払いにすることや、相手方から一定額の金銭を回収できる見込みのある事件であれば、着手金をゼロまたは少額にしたうえで、差額は事件終了時に精算するという方法をとることもある。また、所定の利用条件をみたす場合には、法テラスの民事法律扶助制度や日本弁護士連合会の委託援助制度も利用できる。

　このように、支払方法を工夫することや援助制度等を利用することで、受任が可能になる場合も多い。費用がネックになって相談者が安易に解決をあきらめてしまわないよう、事件の解決方法だけではなく、依頼の受け方についても様々な選択肢を念頭において、それぞれのケースに合った方法で柔軟に対応できるよう心がけている。

（重野裕子）

被相続人の相続開始後、相続人にも相続が開始したら？

A　相続人の特定に注意する。また、相続人が多くなると遺産分割に関心が低い者も出てくるので、相続分が少額な相続人には過度な負担をかけないよう、分割方法を工夫する必要がある。調停手続による場合には、電話会議や調停に代わる審判等の利用を検討すべき場合がある。

　被相続人の死亡後、遺産分割が終了しない間に相続人の一人が死亡し、同相続人を被相続人とする相続が開始されることがあり、これを二次相続という。二次相続の相続人も死亡し、三次相続が開始されている場合もある。

　当初の相続においては、二次以降の相続（以下「二次相続等」という。）の相続人の全てを遺産分割の当事者として、それら全員の合意により遺産分割協議を成立させることが必要となる。まずは、相続人に漏れがないよう、戸籍謄本等を取り寄せ、相続人を正確に把握・確定しなければならない。

　二次相続等が発生している場合、相続人の人数が多数となり、居住地も広範囲にわたることが少なくない。また、二次相続等の相続人の当初相続における相続分は少額にとどまることが少なくなく、二次相続等の相続人は当初相続の遺産分割に関心が低いことがある。これらの相続人の負担をできるだけ少なくするため、代償分割の方法により相続分を代償金の支払により取得させるなど、遺産分割に協力してもらえるような工夫が必要となる。

　協議が成立せず、遺産分割調停を申し立てざるを得ないような場合には、二次相続等の相続人の不出頭により調停が不成立とならないよう、電話会議によるとか、分割の内容・方法について手続外で同意を得ておき、調停に代わる審判によるとかすることを検討する必要がある。　　（小川拓哉・狩倉博之）

Q 78 複数の相続人の代理人に就任してもよいか?

A 受任する相続人全員の同意があれば、全員を代理することも可能ではある。ただし、受任後、依頼者の間に利害対立が現実化した場合には、依頼者全員について辞任しなければならなくなることから、利害対立が現実化する可能性について慎重に検討する必要がある。

(1) 受任の可否

「依頼者の利益と他の依頼者の利益が相反する事件」については、職務を行ってはならない（職務規程28条3号）が、依頼者双方が同意すれば、受任することは可能である（同条ただし書）。したがって、複数の相続人の代理人となることも、それらの相続人全員が同意していれば可能である。

(2) 利害対立のリスクと受任の方法

もっとも、相続人が複数いる場合の相続では、一方の相続人の取り分が大きくなれば他方の相続人の取り分が少なくなる関係に立ち、相続人間の利害対立が現実化する可能性を否定できない。

利害対立が現実化する危険が生じた場合、複数の相続人を代理している弁護士は、本来の任務である依頼者と他の相続人との間の調整を行うとともに、依頼者の間の調整も行わなければならず、その負担は大きなものとなる。

また、依頼者間の利害対立が現実化した場合、職務を行うことは許されず（職務規程28条3号）、依頼者双方ともについて受任していた案件を辞任しなければならない（同規程42条）。

相続人間の利害対立が現実化することが予想される場合には、一方のみの依頼を受けるか、双方の依頼を断るかすることが無難である。受任するか否かの判断のため、相談時には相続人間の関係性や従前の経過等を聴いておくとよい。

相続

（3）受任時の説明

　前記のとおり、受任後に利害が対立し利益相反が現実化した場合には、依頼者全員について案件を辞任しなければならないので、受任にあたっては、その旨を丁寧に説明し、将来的にも利害対立が現実化することがないかを十分に確認し、万が一にも利害対立が現実化した場合には、全員について辞任せざるを得ないことの了解を得ておく必要がある。　　（小川拓哉・狩倉博之）

法律相談体験記 ⑫　受任を強く希望する相談者

　相談者の中には、初回の相談から弁護士に対して受任を強く希望する方がいる。無論、事案の性質上、早急に受任・処理をすべき事案もあるが、弁護士に依頼をすれば勝訴できるものと安易に考えている場合もある。このような相談者に対しては、一般的な敗訴可能性を説明しても聞く耳をもってもらえず、受任後にトラブルになるケースもある。

　筆者も弁護士登録して間もない頃は、相談者の熱に押されて、または、自分を頼ってくれることが嬉しくて、受任してしまい、後日方針に齟齬が出たケースがあった。

　受任を強く希望する相談者に対してこそ、継続相談にするなどして受任の要否・可否を慎重に吟味する必要がある。

（杉原弘康）

遺言の相談で聴くべきことは?

A ①誰が、②誰に、③いかなる財産を、④どのようにして承継させようとしているのか、また、⑤そのような遺言をする理由を聴く必要がある。さらに、⑥後日の遺留分紛争に備えて、相続人と遺産の全体についても確認しておくべきである。

(1)誰が遺言をするか

　親族とともに、場合によっては親族のみが相談に来るケースもあることから、遺言者が誰であるかを確認する必要がある。

　その際、遺言者の年齢（民法961条）や判断能力（同法3条の2）も確認するようにする。

(2)誰に譲るのか

　遺言により財産を承継させる者を確認する。遺言者の死亡前に財産を承継させる予定であった者が亡くなってしまった場合に、予備的に財産を承継する者を定めておくかについても確認しておく。

　なお、遺留分侵害の有無を検討するため、遺言する者が死亡した場合に相続人となりうる者についても確認しておく。

(3)対象となる財産

　遺言において対象とする財産の範囲を確認し、特定が可能かを確認する。特定がされていなかったことで、後日、相続人ないしは受遺者に承継させられないといったことにならないよう注意が必要である。遺留分との関係で、遺言の対象外の財産を含め、遺言者の財産全体についても確認しておく。

相続

（4）どのようにして承継させるか

　現物をそのまま承継させるのか、遺言執行者により換価させ、金銭で承継させるのかといった具体的な承継の方法を確認する。遺言により財産を承継させる相続人ないしは受遺者が複数となる場合には、それぞれが取得する財産を特定しておく必要もある。

（5）将来の紛争に関わる事項

　遺留分を侵害するような遺言、法定相続分とは異なる割合となる遺言、相続人以外に財産を遺贈する遺言等の作成を希望している場合、将来の紛争の可能性を検討するため、そのような遺言を作成する理由を聴いておくべきである。

　そのうえで、遺留分を有する相続人に対して何らかの配慮をしておく必要性や将来の遺留分侵害による紛争の可能性についても言及しておくようにする。

(西川　啓・狩倉博之)

Q 80 自筆証書遺言と公正証書遺言をどう使い分ける？

A 遺言の有効性に関する争いや紛失等の危険を避けるため、公正証書遺言によることが望ましい。「費用を節約したい」とか、「すぐに作成したい」とかといった場合、自筆証書遺言は特段の費用がかからず、遺言者本人のみで直ちに作成できるので、そのような場合には自筆証書遺言によることになる。

（1）各方式のメリット・デメリット

　自筆証書遺言とは、遺言者本人が、その全文、日付及び氏名を自署し、これに押印することで作成が可能で（民法968条1項）、遺言の内容だけでなく、その存在についても誰にも知られることなく、費用をかけずに作成することができる。反面、様式不備（同条3項）や遺言能力を欠くことにより遺言が無効となるリスクがある。また、遺言書が発見されないリスクや偽造・変造、紛失・毀損のリスクもある。さらに、遺言者の死亡後、家庭裁判所に検認の申立てを行わなければならない（同法1004条）。

　公正証書遺言は、自筆証書遺言の前記リスクを避け、検認申立ての必要もないが、遺言書作成のために手数料の負担があり、証人2名が必要となる。公証役場に赴く必要もあり、作成のための事務負担を要する。

（2）使い分け

　遺言の有効性に関する争いや紛失等のリスクを避けるためには、公正証書遺言によることが望ましい。ただし、遺言の作成が完了するまでの間に遺言者が死亡してしまうとか、意識不明となってしまうとかといったことがあると、遺言を作成できなくなってしまう。遺言者の年齢や病状等から、早晩、遺言を作成できなくなってしまう可能性がある場合には、公正証書遺言の作成を準備しつつ、まずは暫定的に、自筆証書遺言も作成しておくことが適当なことがある。

　また、費用を節約したいとか、すぐに作成したいといった場合には、自筆

相続

証書遺言によることを検討することになる。令和２年７月10日に法務局における遺言書の保管等に関する法律が施行され、保管申請手数料3900円は必要となるものの、遺言者本人が法務局に出頭し、申請することで、自筆証書遺言を法務局に保管してもらうことができるようになった（同法４条１項・６項）。保管制度を利用することで遺言書が発見されないリスクや偽装・変造、紛失・毀損のリスクを避けることができ、検認申立ても不要となるので、自筆証書遺言のデメリットは相当程度軽減されることになった。

　ただし、保管制度によっても、遺言者が遺言能力を有していたことは担保されないので、遺言の有効性が問題となる可能性は、引き続き公正証書遺言よりも高いと言わざるを得ない。

（西川　啓・狩倉博之）

法律相談体験記 ⑬　受任が難しい場合にできること

　請求額が少額であるため弁護士に依頼すると費用倒れになってしまったり、証拠が十分ではなかったりして、相談者が困っていることは理解できるものの受任することは難しい場合がある。

　その場合でも相談者自身で対応できる制度を案内することや、証拠の収集方法を説明することで、「相談してみてよかった」と思ってもらえることも多い。例えば、調停の利用や公正証書の作成について説明したり、役所や法務局等での資料取得について説明したり、さらには、それがどこに行けば手続できるのか、どのような書式で手続するのかなども案内すると（場合によっては、手元のタブレットで検索して示すこともある）、より具体的にイメージしてもらいやすいようである。

　受任はできないとしても、せめて何か解決につながる可能性のある助言をできないかと真摯に対応することで、弁護士への相談を身近に感じてもらうことや、別の困りごとがあったときに相談に来てもらえることにもつながるのではないだろうか。

（重野裕子）

Q 81　親に遺言を書いてもらうために親子で相談に来たら？

A　遺言をすることとその内容について、遺言者となる親の意思を親自身から確認する。同行した子に離席してもらい、親のみからその意思を確認することが適当な場合もある。

　遺言の作成を検討する者は高齢であることが少なくないため、親族が同行することがあり、相談に同行した子が同席することもやむを得ない場合がある。ただし、遺言者はあくまでも親であるから、遺言者となる親が遺言することを希望しており、遺言の内容を正確に理解していることは確認する必要がある。

　親が子に遠慮することもあるので、遺言者となる親本人から丁寧に話を聴くように心がけ、同席した子に離席してもらい、親のみからその意思を確認することが適当な場合もある。

　同行した子は、将来、遺留分侵害といった遺言に関わる紛争が生じた場合に、相談をした弁護士が当然に同行した自身の代理人にも就任してくれるものと誤解している場合がある。

　遺言の作成を補助した弁護士は遺言において遺言執行者に指定される場合があり、遺言執行者が相続人の一部の代理人になることには問題があることから、子を代理することは当然にはできないことをあらかじめ説明し、了解しておいてもらうべきである（日弁連96頁）。　　　　　（西川　啓・狩倉博之）

相続

Q 82	相続税などの税務について聞かれたら?

A	正確に回答できることが確実な場合以外は、税務署や税理士に確認するよう回答する。 ただし、相続税の申告期限や基礎控除額といった基本的・一般的な知識は有しておくべきである。

　法律相談において、相続税等の税務に関しても助言できれば、相談者にワンストップサービスを提供することができ、望ましいことである。

　しかし、税務上の遺産の評価や各種特例等、専門的で実務経験を必要とする事項が多く、間違った回答をすると相談者に取り返しのつかない損害を及ぼすことになる。正確に、かつ、確実に助言することができる場合以外は、安易に助言することはせず、税務署や税理士に確認するよう回答するべきである。

　ただし、相続税の申告期限（被相続人が死亡したことを知った日（通常の場合は、被相続人の死亡の日）の翌日から10か月以内）や基礎控除額（3000万円＋600万円×法定相続人の人数）といった基本的・一般的な知識は有しておき、最低限の助言はできるようにしておきたい。

　これらの基本的な知識についても、くれぐれも間違った説明をしないようにし、回答に自信がない場合は回答を慎むべきである。

（西川　啓・狩倉博之）

Q 83　被相続人死亡を知って3か月以上後に多額の債務が判明したら?

A　相続放棄が可能な期間（熟慮期間）は自己のために相続の開始があったことを知った時から3か月間であり、一般的には相続放棄をすることはできないことになる。

ただし、相続の開始があったことを知った後3か月が経過していても、相続財産の有無の調査を期待することが著しく困難な事情が認められた場合には、相続放棄が認められる可能性がある。

（１）熟慮期間

　被相続人に多額の債務がある場合、相続人は、自己のために相続の開始があったこと、すなわち相続の原因となる事実とこれにより自己が法律上相続人になった事実を知った時から3か月以内に、家庭裁判所に対し相続放棄の申述をすることによって（民法915条1項本文・924条）、債務を含めた一切の財産を相続しないことができる。この期間を熟慮期間といい、同期間が経過すると単純承認したものとみなされ（同法921条1号）、債務を含めた一切の財産を相続することになる。

　熟慮期間内に相続放棄の申述をしなかったことが「被相続人に相続財産が全く存在しないと信じたためであり、かつ、被相続人の生活歴、被相続人と相続人との間の交際状態その他諸般の事情からみて当該相続人に対し相続財産の有無の調査を期待することが著しく困難な事情があって、相続人において右のように信ずるについて相当な理由があると認められるときには」「熟慮期間は相続人が相続財産の全部又は一部の存在を認識した時又は通常これを認識しうべき時から起算すべき」とする判例がある（最判昭和59年4月27日民集38巻6号698頁）。これらの事情が認められる場合には、熟慮期間の起算点は、相続人が相続財産の全部または一部の存在を認識した時、または通常これを認識しえた時となる。

相続

（2）熟慮期間の起算点を遅らせられるか

　この点、積極財産の存在から債務超過であるとの認識を欠いていた場合にまで熟慮期間の起算点を遅らせることができるかについては、下級審では見解が分かれている。高松高決平成13年1月10日家裁月報54巻4号66頁は、前記判例を文字どおりに理解して、積極財産または消極財産のいずれかについて認識または認識可能性があった場合には起算点を遅らせることは認められないとする（限定説）。

　これに対し、東京高決平成19年8月10日家裁月報60巻1号102頁は、積極財産が存在し、かつ、その認識があっても、相続財産が著しい債務超過であるとの認識を欠いていた場合には起算点を遅らせることを認めている（非限定説）。非限定説を前提とした場合、積極財産の存在から債務超過であるとの認識を欠いていた場合であっても、相続放棄の可能性がないとは言い切れないため、相続放棄を希望する場合には家庭裁判所に対する相続放棄の申述を行っておくべきであろう。

（西川　啓・狩倉博之）

法律相談体験記 14　他の弁護士の法律相談

　法律相談の進め方や立ち振る舞いは、弁護士によって千差万別である。法律相談所での待機時間や合同相談会において他の弁護士の法律相談に接して、こういったやり方があるのかと感銘を受けたり、驚いたりすることは多い。

　それゆえ、他の弁護士の法律相談にはとても興味があるのだが、残念ながら、これに同席する機会はほとんどない。新人・若手のうちはボス弁や先輩弁護士の法律相談に同席する機会があるだろうし、弁護士会によっては研修等で他事務所の弁護士の法律相談に同席する機会もあると思う。これらは数年経つと経験できないとても貴重な機会なので、多少の無理をしてでも積極的に経験することをお勧めする。

（中野智仁）

5　不動産賃貸借

　不動産賃貸者に関する相談も件数の多い相談分野である。

　借借法により強度の賃借人保護がされており、目的物の明渡の可否に関しては比較的判断がしやすい分野ではあるが、契約の終了を大きく制限された賃貸人から、「どうにかして明け渡させることはできないか」といった相談を受け、回答に困ることもある。

　また、賃借人においては、法的に保護されてはいるものの、賃貸人から訴訟等を提起された場合、経済的な理由や費用対効果の点等から弁護士を依頼することが困難な場合があり、法律相談の場で丁寧な助言が必要となることが少なくない。

　以下では、相談を受けることが多い、同一建物内の他の住人との間の騒音トラブル（Q84）、賃貸不動産の明渡（Q85〜Q87）、原状回復の範囲（Q88）、賃借人が家財を残置したまま出て行ってしまった場合（Q89）を取り上げる。

　　　　　　　　　　　　　　　　　　　　　　　　　　　　（狩倉博之）

不動産賃貸借

Q 84	「上の階から騒音がする。大家は何もしない」と相談されたら?

A	騒音が受忍限度を超えたものといえるか、音量や発生時間帯等を記録したうえで、上の階の住人に音を控えるよう求める。それでも騒音がおさまらなければ、民事調停や弁護士を介した交渉を行うことを検討する。

(1)受忍限度と証拠化

生活の中での音は人によって感じ方が異なるものであり、上階の住人が立てる音の全てが違法な騒音となるわけではない。

違法な騒音として差止めや損害賠償を請求できるのは、上階の住人が立てている音が階下の住人にとって客観的に受忍限度を超えるものでなければならない（上階の子どもの騒音につき東京地判平成19年10月3日判時1987号27頁、居住者の歌声につき東京地判平成26年3月25日判時2250号36頁、なお、騒音による生活妨害の受忍限度の判断基準につき最判平成6年3月24日集民172号99頁）。

受忍限度を超えているか否かは、音の内容や音量に加え、音が立てられる時間帯も考慮して決定される。どのような時間帯にどのような音が立てられているかを記録し、普通にしていても聞こえてくるような程度であれば、その状況を録音するなどして証拠化しておく必要がある。

(2)対応方法

賃貸人である大家は、賃借人に対し、賃借物を使用させる義務があり（民法601条）、対象となる居室を賃借人が使用できる状態にしなければならない。大家は、上階の住人の物音が受忍限度を超え、違法と評価でき、階下の住人の居住に障害が出ている場合には、上階の住人に対し、階下の住人の居住の支障とならないように求める義務がある。

階下の住人としては、まずは大家に対応を求めることになるが、大家が対応してくれない場合、上階の住人に対し、直接、音を立てることを控えるように求めるほかはない。

具体的には、上階に赴いて直接口頭で注意するとか、文書を送って音を立てることを控えるよう求めることが考えられるが、感情的対立に発展する可能性があり、同一建物内でそのような対立を有しつつ生活を継続していくこともまた生活上の大きな支障となる。伝え方には注意が必要である。

　それでもなお騒音がおさまらないようであれば、いきなり訴訟を提起するという方法もあるが、同一建物内での紛争であることから、できる限り話し合いで円満に解決できるよう、民事調停を利用するとか、弁護士に依頼して代理人として交渉してもらうとかといった方法をとることが適当な場合が少なくない。

（小川拓哉・狩倉博之）

不動産賃貸借

法律相談体験記 15　何年やっても知らないことはある

　新人弁護士の頃はわからないことだらけで、法律相談に入るのが怖いという方も多いと思う。筆者も、新人の頃は毎回ドキドキしながら相談を担当していた。

　けれど、何年弁護士をやっても、知らないことは意外にたくさんある。いまだに内心焦りながら相談を担当することが時々あり、そんなときは、とにかく落ち着いて、間違った回答だけはしないように気を付けつつ、手元の資料などで可能な限り調べたり、従前の知識や経験から助言できる証拠の収集方法をアドバイスしたりして、その場でできる限りの対応をして乗り切っている。

　わからなくて焦ることがあるのは新人だけじゃないと思って、あまり怖がらず、緊張しすぎず、自然体で相談に臨んでいただきたい。

（重野裕子）

Q 85　賃貸人からの明渡の相談で聴くべきことは?

A 明渡の根拠を確認し、①期間満了や解約申入による場合は、借借法28条の正当事由を基礎づける事実について、②債務不履行解除の場合は、信頼関係の破壊を基礎づける事実について聴き取る。また、立退料を支払うことが可能かも確認しておく。

　明渡を求める根拠としては、賃貸借契約の期間満了ないしは解約申入による賃貸借契約の終了、賃料の滞納、用法遵守義務違反及び無断転貸等による契約解除があげられるので、各根拠を基礎づける事実の有無と具体的内容を確認していく。その際、賃貸借契約の期間と期間中の解約申入の可否、賃料の支払時期等については、賃貸借契約書を確認することが不可欠である。

　期間満了及び解約申入による賃貸借契約の終了には正当事由（借借法28条）が必要となるので、単に期間が満了したとか、解約申入を行ったというだけでは契約は終了せず、明渡を求めることはできない。正当事由を基礎づける事実の有無、具体的には、当事者それぞれの賃貸不動産を使用する必要性とその程度等を確認する。

　賃料滞納、用法遵守義務違反及び無断転貸等による契約解除には、賃貸人と賃借人との間の信頼関係が破壊されていることが必要とされている（最判昭和27年4月25日民集6巻4号451頁、最判昭和39年7月28日民集18巻6号1220頁等）ので、1か月賃料が滞ったといったことのみでは、通常は信頼関係の破壊は認められず、解除は認められない。信頼関係の破壊を基礎づける事実の有無、具体的には、家賃滞納が長期間にわたっている、過去にも繰り返し滞納があった、支払を催告しているにもかかわらず滞納を継続しているといった事実の有無を確認する。

　正当事由の判断にあたっては、立退料の支払が考慮要素の一つとなる。また、正当事由や信頼関係の破壊が認められない場合には、賃借人と交渉し、合意により明け渡してもらうほかはなく、交渉材料として立退料の支払が必要となる。立退料の支払の可否についても確認しておくべきである。

（小川拓哉・狩倉博之）

Q 86 「建物老朽化のため賃借人を退去させたい」と相談されたら？

A 倒壊の危険が迫っているなど建物としての効用を失っているといった場合を除き、老朽化のみでは契約の終了原因とはならず、通常は、賃借人を退去させることはできない。

　賃借人を退去させるには、賃貸借契約を終了させることが前提となる。目的物の全部が滅失その他の事由により使用・収益することができなくなった場合には、賃貸借契約は当然に終了するが（民法616条の２）、老朽化の程度が建物としての効用を失わせるまでにいたっていない場合、当然には終了せず、老朽化のみを理由として退去させることは通常はできない。そのため、賃貸借契約を終了させる方法としては、①期間の定めのある賃貸借契約における期間満了時の更新拒絶（借借法26条１項）、または②期間の定めのない賃貸借契約における解約申入（同法27条）によらざるを得ない。

　その場合、契約期間満了６か月以上前の更新拒絶ないしは解約申入の通知を要し、さらに、更新拒絶ないしは解約申入に正当事由が必要となる（同法28条）。正当事由は、賃貸人及び賃借人が建物の使用を必要とする事情、建物の賃貸借に関する従前の経過、建物の利用状況及び建物の現況並びに立退料等を考慮して判断されるところ、賃借人保護の観点から厳格に判断されている。正当事由の補完的な要素と位置付けられる立退料ではあるが、実務においては必須のものといってよい。老朽化のみで直ちに正当事由が認められるわけではなく、更新拒絶ないしは解約申入により賃貸借契約を終了させることも容易ではない。

　他方、賃借人に賃料の滞納や用法遵守義務違反といった債務不履行がある場合、③債務不履行を理由に賃貸借契約を終了させられる場合がある。賃貸借契約において債務不履行解除が認められるためには、賃貸人・賃借人間の信頼関係が破壊されていると認められる事情が必要となるので、短期間の賃料滞納といった事実のみでは契約解除は認められない。

（西川　啓・狩倉博之）

Q 87	建物明渡訴訟を提起された賃借人の相談で期日が迫っていたら？
A	まずは訴状の内容を確認し、反論の可否を検討する。受任する場合には速やかに答弁書を準備する。受任しない場合には答弁書の作成方法をアドバイスし、期日前に必ず提出するよう指示し、可能な限り第1回期日には裁判所に出頭するよう助言する。

　受任するか否かにかかわらず、訴状が送達されているのであれば、その内容を確認し、原告の主張事実の真偽と反論の検討が必要である。答弁書を提出することなく期日に欠席すると、擬制自白が成立し、原告の請求を認容する判決が言い渡されてしまう（民訴法159条1項・3項）。少なくとも答弁書は提出期限までに提出しなければならない。

　相談者から依頼があり、提起された訴訟事件を代理する場合、速やかに答弁書を作成し、提出する必要がある。事件を受任しない場合には、答弁書の作成方法をアドバイスし、提出期限までに、少なくとも第1回期日前までには提出するよう、くれぐれも念押ししておくべきである。その際、答弁書で形式的に請求棄却の答弁をしただけでは、第1回期日で弁論が終結され、判決が言い渡される場合があるので、原告の主張に誤りがあるとか、反論が可能であるとかといった場合には、それらの事実を答弁書に具体的に記載し、根拠となる資料を証拠として提出するよう指示する。また、反論の余地がない場合でも、和解による解決の可能性があることから、第1回期日にはできる限り裁判所に出頭するよう助言する。

（西川　啓・狩倉博之）

「少しのキズなのに退去時に床全面張替となった」と相談されたら?

A 通常損耗や経年劣化によって生じたキズであれば、そもそも賃借人において修繕の必要はなく、賃借人の故意・過失によって生じたキズであっても、修繕の必要はあるとして、床全面の張替までが当然に必要となるわけではない。

(1) 賃借人が原状回復義務を負う範囲

通常損耗や経年劣化について、賃借人は原状回復義務を負わない（民法621条）。日常生活を送るうえで当然に生じるような擦りキズや日焼け痕等がこれにあたる。他方、賃借人の故意・過失により汚損や損耗を生じさせた場合には、賃借人は原状回復義務を負う。たばこの不始末による焦げ跡等がこれにあたる。

本件の場合、床のごく一部の小さなキズが通常損耗や経年劣化によるものであれば、賃借人に張替の義務はない。また、賃借人の故意・過失によって生じたキズで、張替の義務がある場合でも、床全面の張替が当然に必要となるわけではない。

国交省住宅局は、賃貸建物の一部にキズをつけた場合において、原状回復の範囲を㎡単位とすることが望ましいとしつつ、毀損箇所を含む一面分（最低限可能な施工単位）の張替費用を賃借人が負担することもやむを得ないとしている。最低限可能な施工単位の範囲での張替については、賃借人において費用負担することになってもやむを得ないといえよう。

それにしても、毀損箇所の張替によって他の部分との間で明らかな色等の違いが生じることがなければ、床全面の張替までは当然には必要とはいえない。

(2) 原状回復義務の範囲を拡大する特約がある場合

なお、原状回復の範囲について賃貸人・賃借人間に特約が存在する場合があり、賃貸借契約書の確認が必要である。賃借人の原状回復義務の範囲を拡

不動産賃貸借

大する特約が存在する場合において、同特約が有効であれば、賃借人の原状回復義務の範囲が拡大されることになる。

　もっとも、賃貸人が事業者で、賃借人が非事業者であれば、消契法10条により特約（原状回復義務の範囲が拡大された部分）が無効となる場合がある（大阪高判平成16年12月17日判時1894号19頁）。

　賃借人に特別の負担を課す特約が有効といえるためには、「①特約の必要性があり、かつ、暴利的でないなど客観的、合理的理由が存在すること、②賃借人が特約によって通常の原状回復義務を超えた修繕等の義務を負うことを認識していること、③賃借人が特約による義務負担の意思表示をしていること」（国交省住宅局7頁）が必要である。　　　　　　　（西川　啓・狩倉博之）

法律相談体験記 16　新人・若手ならではの強み

　若手の頃は、新人だから、経験が少ないからということで、処理できる自信がなかったり、信頼されないのではないかと思ったりして、相談を受けても受任を躊躇することもある。けれど、実際には、若手の弁護士のほうが、対応が丁寧であったり、フットワークが軽かったり、多忙な中堅・ベテランの弁護士よりも連絡がつきやすかったり、法改正や新しい裁判例に詳しかったりして、受任後の好感度は高いことも多い。

　相談の場ではイマイチ自信を持てなかったとしても、わからないことは調べればよいし、取り組み方次第では先輩弁護士より信頼を得られることもある。若手ならではの強みもあると思って、ぜひ、萎縮せずに積極的に案件を受任して、経験を積んでいただきたい。

（重野裕子）

Q 89 「賃借人が残した家財を捨てて他者に賃貸したい」と相談されたら？

A 賃借人の了解を得ずに家財を廃棄するべきではない。他の人に賃貸するためには、建物明渡請求訴訟を提起し、強制執行の手続をとる必要がある。

　権利者といえども、法的手続によらずに自らの権利を実現することは禁止される（自力救済禁止）。賃貸人といえども、賃借人に無断で室内に入り了解を得ずに家財を廃棄することは、不法行為（民法709条）として損害賠償責任を負うだけでなく、住居侵入罪（刑法130条前段）や器物損壊罪（同法261条）を構成する可能性すらある。よって賃借人の了解を得ずに家財を廃棄するべきではない。

　賃借人が出て行ったきり、賃料も支払わないといった場合には、賃料収入を得ることができず、新たな貸主に物件を貸すこともできないことから、このような状況は早期に解消する必要がある。賃借人に対し賃料の支払を催告し、それでもなお支払わない場合は、賃貸借契約を解除して、建物明渡請求訴訟を提起することになる。同訴訟において明渡を認容する判決を得て、建物明渡の強制執行を申し立て、強制執行手続により家財を搬出し、その後に他の人に賃貸するというのが本来の方法である。

　このような方法には時間と費用がかかるため、賃貸借契約に連帯保証人がついている場合や連絡先として親類縁者が指定されている場合には、これらの者を通じて賃借人本人と連絡をとり、家財の所有権放棄と明渡の確認を得たうえで、家財の廃棄処分を行うといった方法を検討する。

（西川　啓・狩倉博之）

不動産賃貸借

6 労働問題

　インターネットの普及により残業代請求や解雇無効を理由とする未払賃金請求等に関する情報が広く周知されるようになっていること、働き方改革に関する法改正が話題となったこと、近時、労働問題に関する重要な判決が多数言い渡されていること等から、労働問題に関する相談が増えている。

　以下では、相談件数の多い、残業代請求（Q90・Q92）と解雇・雇止め（Q91・Q93）について取り上げる。当事者である労働者と使用者では対応方法が異なるため、それぞれのテーマについて労働者からの相談（Q90・Q91）と使用者からの相談（Q92・Q93）に分けて解説する。

　加えて、使用者から相談を受けることが多い「問題社員」への対応方法（Q94）についても取り上げた。

　労働問題は専門性を有する分野であり、一昔前であれば、取り扱っていないとの説明で相談を回避したり、一般的な回答で済ましたりすることもあったようであるが、前記のとおりインターネットの普及により、相談者においてある程度の知識を持って相談に来る場合が少なくないため、相談を担当する弁護士においては、残業代請求や解雇・雇止めに関しては、本書で取り上げた程度の知識は最低限有していなければならなくなっている。（狩倉博之）

労働者からの残業代請求の相談で聴くべきことは？

A 残業代計算を意識して、基礎賃金及び労働時間に関する事実を中心に、証拠の有無を含めて聴取する。

（1）残業代の計算

残業代は、「基礎賃金×割増率×時間外労働の時間」により算出される。このうち割増率は労基法等により定まるため、主たる聴取事項は基礎賃金と労働時間に関する事実である。残業代計算ソフト（「きょうとソフト」等）に入力する事項、主張を裏付ける証拠の有無や入手方法といった点を意識して聴取するとよい。

なお、事前に相談者と連絡がとれる場合、雇用契約書、就業規則、給与明細書、タイムカードといった労働時間に関する基本的な資料を持参してもらうと効率的である。そうでない場合は、初回相談では残業代請求の概略や大雑把な見通しの説明と、継続相談となったときに持参してもらう資料の案内にとどめざるを得ないこともある。

（2）聴取事項

① 基本的な事項

会社の事業内容・規模、相談者の担当業務・職場環境といった事項を聴取する。これにより、事案の具体的なイメージをつかめるとともに、争点を想定しやすくなる。

② 基礎賃金

基礎賃金は、雇用契約書、就業規則、給与明細書等から特定した賃金額から、労基法37条5項、労基則19条・21条に基づいて算出する。法律相談においては、資料を確認しながら賃金額を特定することが必要となる。中小企業においては、雇用契約書や就業規則の定めと実際に支給されている賃金額（給

労働問題

与・明細書の記載）が異なっていることが少なくないので、両方を確認する必要がある。また、家族手当という名目にもかかわらず、家族構成と無関係な金額が支給されているといったことも少なくないので、実態を聴取しておきたい。

③　労働時間

　勤務日ごとに、労働時間（始業時刻・終業時刻・休憩時間）を確定する必要がある。限られた相談時間の中で細かく確定していくことは困難なので、ひとまずは、労働時間をどのような手段によって確定することができるかについて聴取することとなる。タイムカード、業務日報、入退室記録等といった、客観性や一覧性が高い資料が存在する場合には、それらの入手方法について話を進める。相談者において入手が可能であれば、継続相談となった際に持参してもらうこととする。そうでない場合には、受任後に会社に対して開示を求めることとなる。

　これらの資料が存在しない場合、労働していることがわかるメール・SNSへの投稿、相談者のメモといった断片的な資料や主観的な資料による特定・推計が可能かを検討する。在職中の場合、どのような資料を準備できるかについても聴取する。

　運転手、管理人、警備員、店員等、待機時間や仮眠時間のある職種においては、休憩時間が争点になりやすいため、具体的な就業状況・就業環境を聴取しておく。

④　その他

　管理監督者性、固定残業代、労働時間の各種特例が問題になりそうであれば、会社からの反論に備えて、これらに関する事実も聴取しておく。

（中川原弘恭・中野智仁）

Q 91	労働者からの解雇・雇止めの相談で聴くべきことは?

A	会社の事業と担当業務の概要・入社時期・役職・労働条件等の基本的な情報を簡単に聴取したうえで、合意退職・辞職等ではないか、解雇理由の有無・内容、復職希望の有無等を聴いていく。

(1)基本的な情報

　会社の事業と担当業務の概要・入社時期・役職・労働条件（期間の定めの有無、職種限定の有無、賃金額等）といった基本的な情報から聴き取る。

　これらを踏まえて解雇に関する話を聴いたほうが、理解がしやすいためである。話しやすい事柄から始めることで、相談者の緊張をほぐすという面もある。

(2)相談中に心がけること

　相談者は「解雇」と述べているが、合意退職や辞職の手続がとられている場合や、会社からの解雇の意思表示が明確になされていない場合（「もう帰れ」と言われて帰宅したまま出社していないなど）は少なくない。会社から交付された書類や相談者が会社に提出した書類に目を通し、具体的なやり取りを聴き取り、実際に解雇されたのかを確認しておく。

　普通解雇と懲戒解雇のいずれであるかもあわせて確認する。

(3)解雇理由

　解雇されたことを確認したうえで、解雇理由に関して聴取する。

　解雇理由証明書が発行されている場合や解雇通知書等に解雇理由が記載されている場合には、その内容を起点として、具体的な事実を聴き取る。

　これらの書類がない場合には、会社に対して解雇理由証明書の発行を求めることになるが、法律相談時においても、見通しを立てるため、できる限り解雇理由の把握を試みる。

労働問題

就業規則が手元にある場合には、就業規則所定の解雇理由を確認する。会社が主張している解雇理由と就業規則所定の解雇理由がかみ合っていないことがあるためである。

これらの聴き取りにより、解雇無効となる可能性がどの程度あるかをできる限り見極める。

（4）復職希望の有無

解雇に特有の聴取事項は、復職希望の有無である。相談者が復職を希望せず、金銭解決を希望している場合は、手続に要する期間が短い労働審判になじみやすいが、復職を希望している場合には初めから訴訟を提起するか、早期解決を期待して労働審判から始めるかを選択することとなる。

（5）その他

有期雇用の雇止めの場合には、雇止めの理由とは別に、労契法19条の適用の有無を見極めるために、契約締結当時の説明、更新の回数、更新時の手続、勤務先における更新の実際等を聴き取る。

解雇の有効性が問題となる事例においては、解雇予告手当の未払や残業代の未払等の問題もあることが少なくないので、これらについても可能な限り聴き取る。

（中川原弘恭・中野智仁）

使用者からの残業代請求の相談での注意点は?

A 残業代計算を意識して、基礎賃金及び労働時間に関する事実を中心に聴取する。使用者は労働時間把握義務を負っていること、相談者において、残業代が発生しないと誤解している場合があること、他の労働者に波及するリスクがあること等に注意を要する。

(1) 聴取の方針

　使用者からの相談においても聴取の中心は基礎賃金及び労働時間に関する事実であり、残業代計算と証拠の有無を意識した聴取をすべきことは労働者からの相談（Q90）と同様である。

(2) 聴取事項

① 労働時間把握義務

　労働時間の主張立証責任は労働者が負っている。しかし、使用者は労働時間を把握する義務を負っており、労働時間に関する資料は使用者が所持しているのが通常であることから、使用者に事実上求められる反論・反証の程度は高く、反論・反証が功を奏しなかった場合、労働者の主張が認められたり、労働時間の推計や概括的認定がなされたりすることがある。

② 相談者の誤解のおそれ

　使用者は、未払残業代が発生しない制度を採用していると思い込んでいる場合がある。固定残業代、変形労働時間、裁量労働、管理監督者等を採用している場合である。

　これらの制度が有効となるためには、法令や判例・裁判例が要求している厳格な要件を満たす必要がある。ところが、相談者はこの点を認識しておらず、資料を確認し、話を聴き進めてみると、これらの要件が満たされていないことが少なくない。中小企業においては顕著である。相談者の主張を鵜呑

労働問題

みにせず、法令・裁判例等を踏まえて、使用者の反論が成り立つかを検討する必要がある。

③　他の労働者への波及

未払残業代の存在が認められる場合、他の労働者にも未払残業代が発生している可能性がある。使用者からの相談においては、このようなリスクも考慮する必要がある。

④　その他の注意点

使用者は、裁判所における手続自体に関心を持っていることも多いので、労働審判や訴訟の手続の概略は説明できるようにしておきたい。労働審判手続は、期日が原則3回までとされる迅速な手続であること、第1回期日が重要で、答弁書の作成といった準備のための期間が短いこと、代表者等の期日への出席が必要であることの説明が必要である。

付加金（労基法114条）の請求がされることが多いため、その仕組み等を説明しておく。

（中川原弘恭・中野智仁）

法律相談体験記 ⑰　帰り際の一言

　法律相談のみで終了するような場合に、日頃心がけていることとして、帰り際の声掛けがある。相談が終わり、相談者が正に退出しようとするタイミングで、「お疲れ様でした」等の挨拶とともに、相談時に助言した中で重要な点をごくごく簡単に一言念押ししたり、良い結果を願っている旨申し添えたりしている。

　法律相談では、相談者にとって100％納得のいく回答が得られないことも少なくない。法的には仕方がないと理解はしつつも、肩を落としがちに帰っていく方もいる。そのような相談者に対して、それでもできることを念押しし、また、納得がいかなくても、それはそれとして、回答を前提として最善を尽くしていただきたいと心を込めて伝えるようにしている。声を掛けられた相談者の多くが、心なしかにでも和らいだ顔になってくれるのを見ると、少々ほっとした気持ちになる。

　冷静に客観的に回答・助言すべき法律相談ではあるが、最後くらいは感情を持って接することで、相談者の気持ちはずいぶんと違ったものになるではないだろうか。

（狩倉博之）

Q 93　使用者からの解雇の相談での注意点は?

A 相談者の想定が誤っているおそれを踏まえ、解雇の効力に関する事実を十分に聴き取り、早期解決のメリット（解雇後の相談）や解雇以外の選択肢（解雇前の相談）を助言する。

（1）解雇後の相談

①　総論

　労働者から解雇無効を主張する通知書等を受け取ったことをきっかけとして、相談がなされることが多い。既に実施した解雇の有効性を見極めたうえで、対応方針を助言することとなる。

②　解雇理由

　解雇の有効性を見極めるポイントは解雇理由である。会社が解雇理由とした事実を、重要なものから順に具体的に聴き取る。「出来が悪い」「迷惑ばかりかける」「協調性がない」といった抽象的な話が続くことがあるが、それだけでは解雇理由とはならないため、具体的な事実を粘り強く聴き取るようにする。

　その際、裏付け資料があるかという点もあわせて聴き取ると効率的である。また、就業規則所定の解雇理由との関係を明らかにする必要があるため、就業規則の文言を確認し、相談者のあげる解雇理由との間にずれや漏れがないかを確認する。

③　有効である可能性が低い場合

　解雇権濫用法理（労契法16条）により、裁判所で解雇が有効との判断を得るためのハードルは高いが、相談者は、無効になることはないと安易に楽観視していることが少なくない。相談者の想定に反し、解雇が無効となる場合は多い。

　解雇権濫用法理そのものや類似事案における裁判例の傾向を説明して、想

労働問題

定のとおりにはいかないことについて相談者の理解を得る必要がある。理解を得られない場合も多いが、この説明は明確かつ丁寧に行う。この点を曖昧にしたままで受任してしまうと、後に相談者の認識との齟齬が顕在化し、お互いにとって不幸な結果にいたることになりかねない。

　有効性の見通しについて相談者の理解を得られた場合は、対応方針の検討に移る。復職が現実的であれば、解雇を撤回して復職を求めることも一つの選択肢である。復職を求めない場合、解雇無効のときに支払わなければならない未払賃金（バックペイ）の期間の長期化、遅延損害金の高額化、対応コストの増大等の紛争の長期化によるデメリットを考慮し、早期解決のメリットを説明しておく。

　このような協議を経て、対応方針に納得が得られた場合には、案件として受任することとなる。委任契約書等に対応方針等を明記しておくとよい。

④　有効である可能性がある場合

　有効となる見込みがある場合でも、相談時に裏付け資料が揃っていることは稀であるため、その確保を指示する。また、有効であることが確実とまでいえる案件は少ないため、紛争が長期化した後に無効と判断された場合のデメリット（前述③参照）は十分に説明し、和解による解決の可能性について協議しておく。

（2）解雇前の相談

　裏付け資料の有無という点を含めて、相談者が想定する解雇理由を具体的に聴取し、解雇の有効性を見極めることは同様である。有効となる可能性が低い場合、業務上の指導や相当な程度の懲戒処分により改善を促す、配置転換を検討するなど、長期的な対応を助言すべきことが多い。状況に応じて、退職勧奨の実施と注意点についても言及しておく。それでもなお解雇するという場合、解雇理由の裏付け資料等、可能な限りの証拠の確保を行うよう助言する。

（中川原弘恭・中野智仁）

使用者からの問題社員対応の相談での注意点は?

A 問題の具体的内容を聴取したうえで、就業規則を踏まえて対応策を提案し、証拠化を指導する。

　まずは、当該社員の問題の具体的な内容を聴取する。相談者が大量の問題を指摘することも稀ではないので、相談者が重大だと考えているものから一つずつ順番に、具体的に聴取する。後に紛争化することを想定し、証拠の有無についてもあわせて聴取しておく。

　問題である事実が特定できたところで、対応の検討に進む。他の従業員に対する加害行為、窃盗・横領・背任、営業秘密の不正取得等といった犯罪にもあたりうる重大な問題であれば、解雇や重い懲戒処分といった対応を即時にとるべきであり、法令や就業規則に則った具体的な手続や証拠の確保について助言する。

　他方で、問題社員に関する相談の多くは、即時に重い処分をすることが適当とはいえない事案である。このような場合は段階的に対応する必要がある。具体的には、業務上の指導を行い、それでも問題が改善されない場合には再度の指導や戒告等の軽度の懲戒処分を行う。それでも改善されない場合には降格等の人事処分や減給等の重い懲戒処分を検討し、退職勧奨を検討する。これらの段階を踏んでなお問題が解消されない場合に、最後の手段として解雇を検討するべきである。段階的な対応については、後に備えて問題社員に署名のある報告書等を提出させるなど、証拠の確保についても助言する。

　なお、社員のメンタル上の問題に原因がある場合には、医師への受診につなげる方策や業務負荷の軽減等を検討し、休職命令を検討すべきことがある。

　これらの対応は就業規則に基づいて行う必要があるため、就業規則の確認は不可欠である。

（中川原弘恭・中野智仁）

労働問題

7 その他の分野

　本項では、以上で取り上げた分野以外で、相談を受けることが多い事項、回答において悩む事項等を取り上げる。

　具体的には、近時、問題になることが多くなっているSNSに関する相談（Q95・Q96）、会社関係の相談で参照することが多い決算書類の確認のポイント（Q97）、相手方が訴状を受け取らない場合の対応（Q98）、刑事事件に関する相談（Q99・Q100）を取り上げた。 　　　　　　　　　　　　（狩倉博之）

Q 95　SNSのアカウントしか知らない買主に、売買代金を請求するには?

A SNSのアカウントしかわからない場合、相手方の特定が困難であるため、警察への相談を案内するほかないことがある。

　内容証明郵便を発送するにも、訴訟を提起するにも、相手方の氏名と住所を把握していることが必要となる。

　まずは、相談者が氏名や住所につながる情報を有していないかを確認する。例えば、商品をどこに発送したのか、電話番号やメールアドレスを把握していないかなどである。

　これらの情報をもとに住民票等の職務上請求や弁護士法23条の2による照会をすることによって、相手方の氏名と住所が判明することがある。

　あくまでも相手方のSNSアカウントしかわからない場合、SNS事業者は弁護士法23条の2による照会に応じないことが多く(佐藤136頁)、また、「情報の流通」自体によって権利が侵害されたとはいい難いため、発信者情報開示請求の対象にもなりづらい(総務省4頁)。相手方の氏名と住所を把握することは困難である。このような場合には、警察への相談(例えば、相手方が当初から代金を支払うつもりがなかったときには詐欺罪)を案内するほかないこともある。

(中川原弘恭・中野智仁)

その他の分野

Q 96	「SNSで誹謗中傷され、投稿を削除したい」と相談されたら？

A	SNSのWebフォームやメールフォームによる申入れによりSNS運営業者が削除に応じる場合、1日から2週間程度で削除される。他方で、裁判所による仮処分を要する場合、申立てから半年以上かかる可能性がある。

　誹謗中傷に関する投稿等の削除の方法には、①Webフォームやメールフォームの利用、②プロバイダ責任制限法ガイドラインに基づく送信防止措置、③削除の仮処分の3つが存在する。

　①は、SNS運営業者が削除請求用に設けたWebフォームやメールフォームを利用するものであり、申請方法は比較的簡易である。SNS運営業者が削除に応じる場合、所要期間は1日から2週間程度である（神田108・109頁）。相談においては、まずはこの方法を案内する。例えば、Twitter（現X）、Facebook、Instagramは、Webフォームが存在する。

　①の方法で削除してもらうことができない場合、②の措置を依頼することが考えられるが、SNS運営業者の多くは海外を拠点としており、送信防止措置の依頼を受け付けていないため、この方法が利用できる場合は限られる。

　①②の方法で削除ができない場合、裁判所に③の仮処分を申し立てるほかない。削除に要する期間は最短で申立てから2週間程度であるが、債務者が海外法人の場合や双方審尋期日（民保法23条4項）が続行される場合には、数か月以上を要する可能性がある（神田86頁）。相談においては、期間を要することのほか、30万円前後の担保を立てる必要があること（神田113頁）を説明しておく。

（中川原弘恭・中野智仁）

会社の状況を把握するには、決算書類のどこを見る？

A 貸借対照表の純資産の部により債務超過であるか否かを確認し、資産の部・負債の部から財産の状況を把握する。あわせて、損益計算書の営業損益の部等から事業の状況を把握する。

　倒産のほか、整理解雇、Ｍ＆Ａ、株式買取請求等の相談や、経営者からのちょっとした相談等、弁護士業務において決算書類に接する機会は少なくない。決算書類の読み方については、一般向けの簡易な書籍等で最低限の基礎知識だけでも押さえておくと有益である。以下、法律相談時に有していることが望ましい、ごくごく基本的な事項を倒産に関する場合を例にあげておく。

　倒産に関する相談では、まずは貸借対照表の純資産の部がマイナスでないかを確認し、法人の破産原因（破産法16条１項）となる債務超過の有無を確認する。そのうえで、資産の部・負債の部から財産の状況を把握する。手続にあたっての費用の有無を確認するという観点からは、資産の部の流動資産が重要である。このように、貸借対照表からは、ある時点における会社の財産の状況を把握することができる。

　財産の状況のほかに、事業の状況（利益を生み出すことができているか）も把握する必要がある。私的再生・民事再生・事業譲渡等、事業を残す方向を目指すのか、事業を廃止するのかという判断の材料にするためである。

　そのためには、損益計算書の特に営業利益の部を確認する。結果としての営業利益の数値から、現状、収益を生み出すことができているのかを把握する。営業利益が赤字の場合、法人を再生させる方向で事業を残すことには困難を伴う。営業利益に問題がない場合、営業外収益の部や特別損失の部を確認して、倒産状態となった原因の把握を試みる。直近数年分の損益計算書を比較すると、中期的な傾向を把握できるほか、業績悪化の理由（売上の減少、人件費の増大、特殊な特別損失等）が明らかになることがある。

（中川原弘恭・中野智仁）

その他の分野

Q 98　相手方が訴状を受領拒否したり、所在不明だったら？

A 受領拒否の場合は、同居人の有無等を確認し、交付送達以外の送達の可能性について説明する。所在不明の場合は、職務上請求、弁護士法23条の2による照会等による特定の可否を検討するとともに、公示送達について説明する。

（1）受領拒否の場合

　訴状の送達は、被告本人への交付送達（民訴法101条）により行うのが原則であるが、相手方が訴状の受領を拒否した場合は、補充送達（同法106条1項・2項）や付郵便送達（同法107条1項）が可能である。同居人の有無や就業場所等を聴取したうえで、送達の見込みを説明する。付郵便送達については、現地調査を要するため送達までに時間がかかること、遠方の場合等には出張費用または調査会社の費用が発生することも説明しておくとよい。

（2）所在不明の場合

　訴状には、当事者を特定するため、原則として住所、住所不明の場合には居所、居所も不明のときには最後の住所地の記載が必要である（秋山34頁）。

　弁護士が相手方の住所を調査する手段としては、住民票等の職務上請求、通信会社や自動車検査登録事務所への弁護士法23条の2による照会等の方法がある。相談時には、これらの手段を利用するために必要な情報として、過去の住所、本籍地、電話番号、メールアドレス、自動車の登録番号等を聴取する。調査会社の利用も考えられるが、費用がかかることの説明は必須である。なお、交通事故であれば交通事故証明書の取得、相手方が会社等の代表者であれば登記事項証明書によって住所を知ることができる。

　これらの手段によっても所在が判明しない場合は、公示送達（民訴法110条）を行うこととなる。公示送達をするにあたっても現地調査が必要であるため、上記（1）で付郵便送達について述べたところと同様に、時間や費用の発生について説明しておくとよい。

（中川原弘恭・中野智仁）

Q 99 在宅事件の被疑者から「被害者と示談交渉したい」と相談されたら?

A 被害者との示談は弁護士が対応したほうがよい事柄であることを説明したうえで、相談者自身で進めることを希望する場合には、主として示談書の作成について助言する。

　そもそも相談者が被害者の連絡先を知らない、あるいは、連絡先を知っていたとしても被害者が相談者本人と直接やり取りすることに難色を示しているといった事情により、相談者自身による被害者との示談交渉はうまく進まないことが少なくない。示談交渉の中で被害者とさらなるトラブルが生じたり、被害者の感情を害したりした場合、かえって相談者に不利な結果を招くことにもなる。

　示談の成否やその内容は、検察官の処分や刑事裁判における量刑に大きな影響を与える事項であるから、相談者に対しては、被害者との示談交渉は弁護士が対応したほうがよい事柄であることを説明し、弁護士への委任を勧めるべきである。

　ただし、弁護士に委任すれば示談交渉が必ずうまくいくといった誤解が生じさせないよう、説明には注意が必要である。

　そのような説明を受けても、相談者がなお自身で示談交渉を進めることを希望する場合には、示談交渉にあたっての一般的な注意をしたうえで、示談書の作成に関して助言することになる。具体的には、まずは示談書の作成を要すること自体を説明する。場合によっては、署名・押印を要すること等の形式的事項についても説明する。

　また、示談書の内容については、①犯行の日時・場所等の事件を特定できる事項を記載すること、②被害に対する賠償金の支払義務があること（または賠償金を支払ったこと）を具体的な金額を含めて記載すること、③清算条項を入れること、④可能であれば、相談者を許す旨の文言や被害届等を取り下げる旨の文言を入れることなどを助言する。　　　　（野田侑希・中野智仁）

その他の分野

A 相談者の行為が刑事上の犯罪に該当するかを確認し、犯罪に該当しうる場合には、逮捕の可能性があることを踏まえて助言することになるが、逃走や証拠隠滅の方法を助言するようなことは絶対にしてはいけない。

　民事上の不法行為や債務不履行を犯罪と誤解しているなど、刑事事件と民事事件を区別できていない相談者も一定数見受けられる。そのため、相談者が「犯罪」とする行為が、刑事上の犯罪に該当しうるものなのかを確認する必要がある。

　その結果、相談者の行為が犯罪に該当しうる場合には、逮捕の可能性があることを前提とした助言が必要となる。具体的には、捜査機関からの任意の出頭の求めがあったにもかかわらず、不出頭を続けている場合には、逮捕の必要性が認められ、逮捕の可能性が高まる。逮捕を避けるという観点からは、正当な理由なく捜査機関からの出頭の求めを拒否すべきではないと助言する。また、被害者がいる犯罪では、被害者との示談成立により、逮捕の可能性は低くなる。そのような場合には、被害者との示談をできる限り進めるよう助言する。

　犯罪の重大性や相談者の状況等に照らし、逮捕は免れないと判断される場合には、逮捕やその後の手続（勾留・起訴・刑事裁判等）について説明するほか、自首（刑法42条）や酌量減軽（同法66条）についても説明したうえで、捜査機関に自ら出頭するという選択肢があることを示しておく。

　なお、弁護士が逃走や証拠隠滅の方法を助言することは、消極的真実義務（職務規程5条）に反するばかりか、弁護士自身が犯人隠匿罪（刑法103条）や証拠隠滅罪（同法104条）に問われるおそれすらある。弁護士として、そのような助言は、当然ながらしてはいけない。　　　　　　　　（野田侑希・中野智仁）

第 **4** 章

それでも困ったときは

　前章までで、法律相談における困りごとへの対応方法を、相談全般ま
たシチュエーション・分野ごとに解説してきた。これらにより、主だった
困りごとに対応すること、ないしは、そのヒントを得ることはできるはずで
あるが、どんなに対応方法を準備しても、思いがけない困りごとに遭遇
することは避けられない。

　そこは、経験により克服していただくほかはないということになるのだが、
それでもなお、先人の経験を整理し、想定外の困りごとに対する対応の
ポイントと方策は提案できるはずである。最終章として、困りごとへの対
応の基本となる考え方を整理し、想定外の困りごとが起きた場合にどう
するかを提案する。

1 法律相談の場で 困ってしまう原因

（1） どうやっても困ることはある

　どんなに準備をしても、どんなに経験を積んでも困ることはある。

　弁護士になって４半世紀を過ぎた筆者でも、機会こそ減ったものの、法律相談において判断や対応に悩むことがある。

　そんなときにどのように対応するべきかについて、経験を踏まえた提案をしたい。対応方法や考え方は多種多様で、いずれが正解ということはなく、弁護士各自が自分に合った方法を見つけて対応している。あくまでも筆者の経験に基づく一つの考え方ととらえていただき、各自、経験を積み重ねていくなかで、自分に合った対応策を構築していただきたい。

（2）なぜ困るのか?

- ● 想定外のことが起きる
- ● 時間が足りない
- ● 対応に自信が持てない

① 想定外のことが起きる

　法律相談をしていると、知らないことや経験がないことを聴かれたり、どのように回答すべきかの判断に迷う問題に直面したりすることがある。期待した答えが得られないことで、相談者が怒り出すこともある。

　相談者の悩みは多種多様で、相談者にはいろいろな方がいる。日々、研鑽・努力を積み重ね、できる限りの準備をしていても、思いもよらない相談が持ち込まれたり、相談者が感情的になったりすることで、対応に困ることがある。経験の浅い若手弁護士においては、なおのことであろう。

② 時間が足りない

　相談が行われる場所等により長短はあるものの、終了時間が決まっていて、比較的短い時間であることが少なくない。相談者の話を聴いているだけで相談時間の大半を費やしてしまい、回答をする時間がなくなってしまうといったことも起こりうる。経験したことがない分野や知識が十分ではない分野の相談が持ち込まれた際、その場で六法その他の書籍、インターネット等を利用して調べようと思っても、そのための時間がないこともある。

　その結果、相談者が納得する説明ができなかったり、弁護士の助言を相談者が誤って理解してしまったりということが起きてしまう。

③ 対応に自信が持てない

　①②の原因から、相談を担当する弁護士は、間違った回答をしてしまったのではないか、相談者が不満に思っているのではないか、後日、トラブルにならないだろうかといった不安を抱きがちである。過度な不安からパニックを起こして相談に支障を生じさせ、さらにはトラウマになってしまい、法律相談に苦手意識を抱くようになり、さらに不安を強くしてしまうという悪循環を起こしている弁護士を見かけることは少なくない。

④ どうすればよいのか?

　想定外のことが起きること、時間が足りないことは、程度の差こそあれ、法律相談を担当する弁護士のいずれにおいても同様で、大切なのは、そのような事態が生じても過度に不安感を抱かず、冷静に対応することである。最終的には日々の研鑽と経験により克服せざるを得ないことではあるが、「なぜ困るのか」を改めて確認し、その原因を除去し、少しでも軽減させることで、取り急ぎ目の前の相談に支障なく対応することは可能である。

　次項では、法律相談の目的を達成し、相談者の期待にできる限り応えるとの観点から、対策のポイントを整理し、直ちにできることを提案したい。

2 対策のポイント

● 相談したことに意味を持たせる
● リスクを回避する
●「経験値を上げる機会だ」と前向きにとらえる

（１）相談したことに意味を持たせる

　相談者は何らかの悩みを持って、それを解消するために時間をとって法律相談に臨み、有料相談では相談料を負担している。相談者の満足を得るためには、その悩みを解消できるアドバイスをしなければならない。しかしながら、時間に限りのある法律相談の場で、相談者の抱える問題の全てを最終的に解決し、その悩みを解消することは不可能であることが一般的である。初回ないしは初期の法律相談における課題は、何が問題かを相談者に示し、まずやるべきことを助言したり、継続相談や弁護士への依頼を勧めたりすることである。

　相談者の側から見ても、悩みの全てが解消されるに越したことはないが、それが可能か否か、可能であるとしてもどの程度の時間がかかるかがわかり、問題解決のためにまず何をすればよいかがわかれば、解決に向けて、その一歩を踏み出すことができる。それは、相談しなければ得られなかったことであるから、相談したことに意味があったと思えることになる。

　相談を担当する弁護士においては、相談したことに意味があったと思ってもらえれば、法律相談の目的が達成でき、相談者の期待に応えられたことになる。経験がないことを聞かれ、どのようにすれば問題を解決できるかについて自信を持った回答ができない場合でも、例えば、継続相談を提案する等、次につながる対応をすればよいのである。

（2）リスクを回避する

　避けたいところではあるが、法律相談をしたことに意味を持たせられないことがあったしたとしても、相談したことが相談者にとって有害になることだけは絶対に避けなければならない。間違った回答をするようなことがあれば、その回答を前提に行動した相談者に損害を与えるおそれがあり、相談したことが有害になってしまう。相談者の損害は弁護士に対する損害賠償請求という形で返ってくる可能性があり、懲戒処分を受けることにもなりかねない。

　相談者のためにも、自身のためにも、このようなリスクは回避しなければならない。不確実なことや誤解を受ける可能性のあることは言わないようにし、受任を含め、できないことは約束しないようにしなければならない。

（3）「経験値を上げる機会だ」と前向きにとらえる

　誰であっても最初から完璧な相談ができるわけではなく、あらゆる相談に対応できるわけでもない。一方で、法律相談は実際に悩みを抱えている相談者に対する弁護士としての法的サービスの提供であり、言うまでもないことではあるが、責任を持って対応する必要がある。どんな相談に対してもベストな対応ができるように、研鑽・努力を続けていかなければならない。

　法律相談は目の前の相談者に法的サービスを提供する場であるとともに、弁護士にとって経験・修行を積む場でもある。相談後はもちろん、相談中も、そのような意識を持って、経験値を上げる機会ととらえていただきたい。わからない相談や対応が難しい相談者にあたった場合、時間が足りない場合、不安が襲ってきた場合等々、より良い相談対応ができるようになるための良い経験だと思うようにしたい。困ったことが起きたことを自身にとって有意義なこととととらえられれば、自ずと冷静な対応が可能となる。

（4）ポイントを踏まえた対応

　上記3点を肝に銘じ、実践すれば、法律相談の目的を達成し、万が一、相談者との間でトラブルが生じたとしても、責任を負わなければならなくなるようことは避けることができる。相談前、相談中、相談後、いずれの場合も

上記3点を常に意識していただきたい。

　この点、ポイントのみを抽象的に示されただけでは、気休めにしか、さらには、気休めにもならないと思われる方も多いであろう。次項では、具体的な対応方法のヒントとなるよう、上記各ポイントを踏まえ、直ちに行っていただきたい方策をあげることとする。

3 具体的な方策

● 確信が持てないことは言わない
● 次に何をすればよいかを伝える
● できる限りのことをする
● 自ら対応のハードルを上げない
● 後悔はせず、反省する

(1) 確信が持てないことは言わない

　リスク回避のため、間違ったことは言わない、不正確なことは言わない、できないことを約束しない。どうしても何らかのコメントをしなければならない場合には、「相談者からお聴きした事実を前提とすると」、「きちんと調べないと確実なことは言えないが」といった留保を付して、誤りがあった場合、後日、電話等で訂正できるよう手当しておく必要がある。

(2) 次に何をすればよいかを伝える

　相手方にどのように回答すればよいか、どのような書面を作成・提出すればよいか、どのような調査をすればよいか等を助言し、相談を担当した弁護士による継続相談や他の相談所・弁護士による相談を提案するなど、相談者が、相談後にまずは何をすればよいかをアドバイスする。これにより、相談者は、相談したことに意味を見出すことができるようになる。

(3) できる限りのことをする

　相談者の話を丁寧によく聴く、その場でできる限りの調査をする、相談後にさらに調査し、後日、連絡することにするなど、相談者の悩みを解決する

ために、できる限りの努力をすることである。加えて、努力していることを相談者にわかってもらえるようにすることである。相談者が相談したことに意味を見出せるようにするには、努力を見せることも大事である。

（4）自ら対応のハードルを上げない

　経験のありなしに違いはあっても、程度の差こそあれ、誰でもが少なからず不安を抱くものである。自分だけが不安なわけではなく、他の弁護士も同じであることを常に意識することである。以上で述べた、調べられることを調べ、相談者が次にすべきことを助言し、不確実なことは言わないという、当たり前のことを行うことに集中してほしい。

　完璧な相談をしなければならないとは思わないことである。自らハードルを上げ、やるべきことすらできなくなるのは本末転倒である。

（5）後悔はせず、反省する

　相談対応がうまくできなかった場合、反省し、課題を抽出し、改善・克服することで、弁護士として成長し、次の相談の糧となる。勘違いしてはいけないのは、客観的に自身の対応を反省することは必要だが、うまくいかなかったことをくよくよ考え、終わったことを悲観的に考えることは、ほとんどの場合に意味がない。メンタルヘルス上、望ましいことではなく、トラウマとなり、不安を高め、悪循環を引き起こすことにすらなりかねない。

　反省はするが、後悔はしないことである。

（狩倉博之）

執筆者一覧

【編著者】

狩 倉 博 之（かりくら　ひろゆき）
事務所　狩倉総合法律事務所（神奈川県弁護士会所属）

【著者】

杉 原 弘 康（すぎはら　ひろやす）
事務所　ましろ法律事務所（神奈川県弁護士会所属）

重 野 裕 子（しげの　ゆうこ）
事務所　弁護士法人かながわパブリック法律事務所（神奈川県弁護士会所属）

中 野 智 仁（なかの　ともひと）
事務所　野澤・中野法律事務所（神奈川県弁護士会所属）

野 田 侑 希（のだ　ゆうき）
事務所　野澤・中野法律事務所（神奈川県弁護士会所属）

木 村 　 悠（きむら　ゆう）
事務所　きむら法律事務所（神奈川県弁護士会所属）

秋 本 佳 宏（あきもと　よしひろ）
事務所　ましろ法律事務所（神奈川県弁護士会所属）

笹　岡　亮　祐（ささおか　りょうすけ）
事務所　ましろ法律事務所（神奈川県弁護士会所属）

井　上　志　穂（いのうえ　しほ）
事務所　狩倉総合法律事務所（神奈川県弁護士会所属）

和　田　祐　輔（わだ　ゆうすけ）
事務所　安芸ひまわり基金法律事務所（高知弁護士会所属）

西　川　　　啓（にしかわ　ひろむ）
事務所　日本橋川法律事務所（第一東京弁護士会所属）

渡　邊　泰　孝（わたなべ　やすたか）
事務所　弁護士法人かながわパブリック法律事務所（神奈川県弁護士会所属）

小　川　拓　哉（おがわ　たくや）
事務所　狩倉総合法律事務所（神奈川県弁護士会所属）

中川原　弘　恭（なかがわはら　こうすけ）
事務所　野澤・中野法律事務所（神奈川県弁護士会所属）

どんな場面も切り抜ける！
若手弁護士が法律相談で困ったら開く本

2023年12月13日　初版発行

編著者　狩倉博之（かりくらひろゆき）
発行者　佐久間重嘉
発行所　学陽書房

〒102-0072　東京都千代田区飯田橋1-9-3
営業　電話　03-3261-1111　FAX　03-5211-3300
編集　電話　03-3261-1112
http://www.gakuyo.co.jp/

ブックデザイン／LIKE A DESIGN（渡邉雄哉）
DTP制作／ニシ工芸　　印刷・製本／三省堂印刷

モデル事例でわかる、遺産分割までの８ステップ！

相続法の基礎知識だけでなく、相続人との交渉のポイント、税務や登記を踏まえた総合的解決など、ノウハウを幅広くカバー！　相続登記義務化の時代、実務家必携の１冊！

多数の相続人・疎遠な相続人との遺産分割

狩倉博之［著］

A5 判並製／定価 3,630 円（10% 税込）